弘治太仓州志

太仓市史志办公室　编

陈其弟　点校

广陵书社

图书在版编目（CIP）数据

弘治太仓州志 / 太仓市史志办公室编 ；陈其弟点校
. -- 扬州 ：广陵书社，2023.12
ISBN 978-7-5554-2207-5

Ⅰ．①弘… Ⅱ．①太… ②陈… Ⅲ．①太仓－地方志
－明代 Ⅳ．①K295.34

中国国家版本馆CIP数据核字(2024)第006705号

书　　名	弘治太仓州志	
作　　者	太仓市史志办公室　编	
	陈其弟　点校	
责任编辑	顾寅森	
出版发行	广陵书社	
	扬州市四望亭路 2—4 号	邮编 225001
	(0514)85228081(总编办)	85228088(发行部)
	http://www.yzglpub.com	E-mail:yzglss@163.com
印　　刷	无锡市海得印务有限公司	
装　　订	无锡市西新印刷有限公司	
开　　本	889 毫米 ×1194 毫米　1/16	
印　　张	11.25	
字　　数	225 千字	
版　　次	2023 年 12 月第 1 版	
印　　次	2023 年 12 月第 1 次印刷	
标准书号	ISBN　978-7-5554-2207-5	
定　　价	98.00 元	

校注说明

　　《太仓州志》十卷,明李端修,桑悦纂。端字表正,湖广枣阳县人,弘治十年(1497),以御史出知太仓知州,任职五年,升广南府知府去。悦字民怿,穿山人(今属太仓市),成化元年(1465)举人,官柳州府通判,著有《桑子庸言》《思玄集》等书。弘治十年,巡抚朱瑄奏准,割昆山、常熟、嘉定三县部分地区立太仓州,辖崇明县。李端为首任知州。弘治十三年(1500),李端聘桑悦主纂州志,即太仓首部州志——《弘治太仓州志》。

　　《弘治太仓州志》共十卷四十七门:卷一沿革、分野、里至、疆域、形胜、风俗、山川、土产、市镇,卷二城池、坊巷、乡都、桥梁、牌坊、官廨、衙院、仓场、铺舍、坛壝、军卫,卷三学校、户口、田亩、税粮、课程、赋役,卷四寺观、祠庙、宅墓、古迹,卷五科贡,卷六名宦、仕宦、儒林,卷七隐逸、艺文、孝友、义行,卷八列女、杂传、艺术,卷九封赠、游寓、释道、杂志、考证,卷十诗文。该志实为十卷,卷十分上下,故亦作十一卷。

　　论其体裁,尚为严整,以官师题名附于官廨、学校,殊欠体例。而风俗、土产二门则记载极详,在明修方志中,所见极少也。每卷之前,各系前言一节,述其源委,有提纲挈领意。旧例,方志生者不立传,本志《凡例》称"凡人年过古稀,晚节可保者,间或书其一二"。在涉及有关重要史事时,采用"悦按"的形式加以补充说明,或征引相关资料作进一步的考证,显得颇为严谨可信。从卷四《寺观》起,卷六《儒林》,卷七《孝友》《义行》,卷九《释道》等门目,除了"悦按"外,还有"论曰",主要为作者对所记事物或人物的看法,尽管不合后人总结的所谓"述而不论"的志体,却颇有"太史公曰"之雅意。

　　此志传世最早的本子是明弘治十三年刻本,国家图书馆藏。《铁琴铜剑楼藏书目录》著录有写本,光绪壬寅(1902)东仓书库(缪朝荃的藏书处)据之重刻。《江苏旧方志提要》又著录清宣统元年(1909)缪朝荃《汇刻太仓旧志五种》本。

　　缪朝荃(1841—1915),字衡甫,太仓人,优贡生。喜藏书,并留意乡邦文献,刊印《东仓书库丛刻》，同与其"同宗同年又复同志"的江阴缪荃孙（1844—1919）的"艺风堂"齐名。殁后，家道中落，藏书大半归于南浔刘氏"嘉业堂"。

此次整理出版，即以《汇刻太仓旧志五种》本为底本，从书后署"江阴后学缪荃孙校勘"数字来看，此本在汇刻时，已经缪荃孙校勘。这一点可以从缪朝荃《识》文"属家筱珊同年由江宁付梓""工甫竟"之语中得到证实。缪朝荃《识》接下来又云："适晤徐君菊生，知亦有钞藏本，其抬头行款似从刻本影写者，亟假归对勘数过，尚有讹脱处，为之校正如左。"故书后尚附校记七十来条，可见先贤对于志书精益求精的态度。今吸收缪朝荃的校记，并参校《至正昆山郡志》《嘉靖太仓州志》《嘉庆直隶太仓州志》《太仓州儒学志》《道光璜泾志稿》《光绪昆新两县续修合志》《光绪常昭合志》《宣统太仓州志》《民国镇洋县志》等相关旧志及陆容《菽园杂记》《吴都文萃续集》等地方文献，尽可能详尽地校对核实，希望有裨于学者的研究和利用。

志书正文后附录补辑了作者的传记资料、本志未涉及的艺文，主要是本籍人所著地志类书目，以及太仓名人第宅园林的记述文字资料，以丰富观瞻，增强资料性。

目　　录

太仓州志序

太仓州志序

古者，史以记事，自天子达于庶人。二十五家为闾，生子，则闾史书之。闾亦有史，况一国乎？秦易封建为郡县，史亦随废。后世郡县有志，亦史之流裔也。

太仓在元为漕海要津，市声霍霍，季世尝一迁昆山州治于兹，迫于水寇，州复故址。我朝立太仓卫，分卫镇海，控制三溟。岁久，甲〔一〕胄奋张，黔黎莫乂。当道遂奏闻割昆山、常熟、嘉定之地，建立太仓州，以为襟辖〔二〕。众议艰于创业〔三〕，兼才倍能，始克有济。

枣阳〔四〕李侯，由名进士起家，令大邑〔五〕，擢柱史，清德重望，霄汉腾声，直道事人〔六〕，至于三黜。至是，举守是州。侯莅任，以三邑民心，甘辛异味，一治〔七〕调和，政若锄犁，强者突封，弱者沁洼，铲高益卑，俱为平土。又制立大防，足以垂示方来。庶务草创，上遵前监察御史、苏州守新蔡曹公鸣岐成规，下集同寅所长，克殚心力，翦〔八〕剩补畸，三易寒暑，州治告成。与坐享成功者，劳佚百倍。

未几，即以州志未修为缺典，礼请予至州，专任其事。志之初修，犹州新立，文献无考。搜罗采访，凡数阅月，始克成编。分为十有一卷，总若干万言。或嘲云："一朝〔九〕之志，纪实而已。斯志，每题有论有断，有若效司马迁、班孟坚、范蔚宗之所为者，穷日力于此，亦劳矣哉！"予解之曰："吾夫子作《春秋》，实笔削鲁一国之史；左氏

〔一〕 嘉靖、宣统两志作"介"。
〔二〕 《嘉靖太仓州志》卷首作"立州以为襟辖"，《宣统太仓州志》作"建立太仓州以为襟辖"。
〔三〕 原为"割业"，据缪荃孙《校勘记》、《嘉靖太仓州志》卷首、《宣统太仓州志》卷末改。
〔四〕 《嘉靖太仓州志》卷首、《宣统太仓州志》卷末在"枣阳"前有"湖广"二字。
〔五〕 《嘉靖太仓州志》卷首作"邑令"。
〔六〕 《嘉靖太仓州志》卷首、《宣统太仓州志》卷末作"忤人"。
〔七〕 《嘉靖太仓州志》卷首、《宣统太仓州志》卷末作"冶"。
〔八〕 《嘉靖太仓州志》卷首作"剪"。
〔九〕 《嘉靖太仓州志》卷首、《宣统太仓州志》卷末作"州"。

所纪，乃天下之史。千古而下，曾谓《春秋》小于《左传》者乎？本州封疆不小于鲁，所属崇明亦可方颛臾与郓，予父母兹州，诵法孔子，其可小视其志耶？卷之为一州之志，放之为天下之史，其揆一也。先儒有曰：僮仆知恩，可以从政矣！侯任宪职时，式廓甚宏，缩治兹州，名实加于上下，不日将有监司廊庙之擢，又可以一州之治扩为天下之治，有如此志，可为全史。"或者唯唯而退。侯曰："梓刻将完，请以是言冠之于首。"予应曰诺。

弘治庚申秋八月一日，柳州通判州人桑悦书。

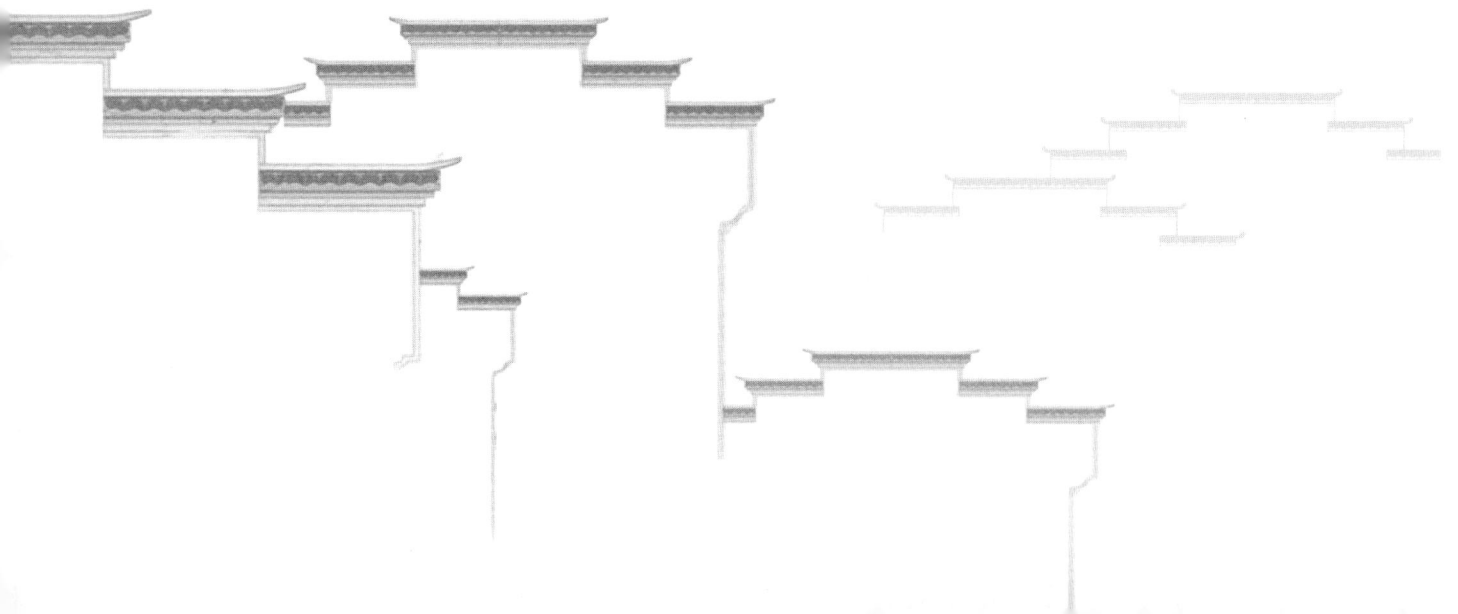

太仓州志凡例

凡　例

　　太仓州在元延祐二年，以昆山州治迁于此者，几四十年。至至正十六年，州治复移昆山。国朝洪武二年，州降为县，其民与太仓镇海军士杂居者，凡四区。考之《昆山志》[一]，凡云太仓人者，其地乃昆山，而人则居于太仓者也。州治既立之后，则为州人矣。

　　太仓镇海立卫学，专淑武生，而各邑秀士，许其寄育，刷羽以翘青冥，稽其所成，同于一治，故俱谓之本学人。昆山、常熟、嘉定割地成州之后，楚虽有材，晋实有之。凡科贡之类，因各取其人，而名其所自出。其余仿此。

　　科甲所以进豪杰，凡文章政事之美，有非一节之所能尽者，稽于见闻，拔其菁华，别立小传。然彼详则此略者，文有互见故也。

　　盖棺事始定，人之有善，生不宜书。但恐失今不书，后遂湮灭。因变例，凡人年过古稀，晚节可保者，间或书其一二云。非特书者，则不拘此例。

　　各传中或云昆山人，或云常熟人，原其始也。然非隶于州者不取。

〔一〕《昆山志》：据本志卷六《儒林·杨谦传》，此处当指杨谦《昆山郡志》。

太仓州志卷之一

太仓州志卷之一

沿 革

太仓州在苏州府昆山县治东南三十六里，即古娄县〔一〕之惠安乡。按旧志云：春秋时吴王于此置仓，故名太仓，又曰东仓。

悦按：东溪杨谦云：此仓或曰吴王濞之仓，或曰五代吴越王之仓。夫濞都广陵，不应置仓远七百里外。枚乘说濞太仓，乃在海陵，今泰州也。若云钱氏之仓，不惟去国都太远，且屡为淮南所陷，殆其边境不可储蓄。据此，为春秋时吴王之仓无疑。又曰：东仓地居吴东，益可信矣。

陈伸《太仓事迹》以为吴孙权结好于辽而置此仓，不知何据？

又按：《三国志》：嘉禾二年，权遣兵万人，九锡〔二〕备物，授公孙渊意，师行粮食，故为是仓欤？说不可信。

历晋、隋、唐，事迹莫考。宋始置节置司酒库。元至元十九年，宣慰朱清、张瑄自崇明徙居太仓，创开海道漕运，而海外诸番因得于此交通市易，是以四关居民，闾阎相接，粮艘海舶，蛮商夷贾，辐凑而云集，当时谓之六国马头。

元元贞二年，昆山县升为州。延祐元年，徙治太仓。至正十三年，台州贼方国珍由海道犯境，民罹兵燹，立水军万户府以镇之。十六年，伪吴张士诚据吴，始城太仓，州治复移昆山。二十七年，归附大明。吴元年，立太仓卫。

〔一〕 明陆容《菽园杂记》卷三云："昆山本古娄县，梁大同初改今名。其山在今松江府华亭县界。晋陆氏兄弟机、云生其下，皆有文学，时人比之昆山片玉，故名。唐吴郡太守赵居贞奏割昆山、嘉兴、海盐三县地立华亭县，山始分属焉。今为松江九峰之一。昆山县治北之山，自名马鞍。县志引刘澄之《扬州记》甚明。或有称玉峰者，盖拟之耳。然昆山之神载在祀典，其祠旧在马鞍山东偏，又似以马鞍为昆山者。"
〔二〕 九锡礼源于西周时期的九命之仪。九锡是九种礼器，是天子赐给诸侯、大臣有殊勋者的九种器用之物，表示最高礼遇。获九锡的人往往是一人之下、万人之上的权臣，或者干脆就是挟天子以令诸侯比天子更具权势的枭雄。"锡"在古代通"赐"字。九种礼器是：车马、衣服、乐则、朱户、纳陛、虎贲、斧钺、弓矢、秬鬯。

洪武十二年，分卫镇海，至今并治一城。弘治十年，巡抚右副都御史朱公瑄以抚安地方事奏闻，割昆山、常熟、嘉定三县地之切近太仓者，立为州，建州治，领崇明一县，仍〔一〕隶苏州府云。

分　野

太仓为扬州之域，上属南斗。

悦按：旧《苏州志》〔二〕云：扬州上属星纪，夫须女、虚、危，玄枵也〔三〕。青州分野自济达河，其象为天津，绝云汉之阳，而岱宗为十二诸侯之府，比于星纪，与吴越同占南斗、牵牛星纪也。吴越扬州分野南斗，在云汉下流，当淮海间，为吴分牵牛，去南河浸远。自豫章迄会稽，南逾岭，徽为越，分太仓，吴地当属于南斗无疑。谓之星纪者，日月五星之所经始者耳，不可谓扬州之分星也。

里　至

东至崇明西沙，南至嘉定县，北至常熟县，西至昆山县。

西南至南京，陆路六百九十六里，水路七百一十二里。西北至北京，陆路三千五百七十二里，水路四千二百四十里。

〔一〕　原为"乃"，据缪荃孙《校勘记》改。

〔二〕　《至正昆山郡志》卷三《进士》云："绍兴五年汪应辰榜：郏升卿，师古，亶孙，朝散郎，知常州；范成象，至先，雺兄之子，工部郎中；王嘉彦，邦美，葆兄之子，大昭。按《苏州志》在绍兴八年。"《正德姑苏志》人物十《卢熊传》云："卢熊，字公武，其先本武宁人，宋季徙家于吴，再徙昆山。父观，字彦达，读书有至行，门人私谥夷孝先生。熊元季为吴县学教谕……所著有《说文字原章句》《鹿城隐书》《蓬蜗》《幽忧》《石门》《清溪》等集，别有《苏州志》《兖州志》《孔颜氏世系谱》总若干卷。"又《正德姑苏志》人物十四《张习传》云："张习，字企翱，吴县人，成化己丑进士，授礼部主事，历员外郎，出为广东提学佥事。习喜为古文词，尤喜搜葺郡中遗文故实，一时号为博雅前辈。文集多所梓行，尝纂《苏州志》，未成而卒。"上述三种《苏州志》均在本志编修之前成书，此处称"旧《苏州志》"，不知所指为哪一种。

〔三〕　我国古代为了观测和说明日月五星的位置、运行以及节气的转换，把黄道带自西向东划分为十二个部分，叫做"十二星次"，简称"十二次"，或径称"星次"，分别是：星纪、玄枵、娵訾、降娄、大梁、实沈、鹑首、鹑火、鹑尾、寿星、大火、析木。每个星次有若干星官作标志。十二次初见于《左传》《国语》《尔雅》等书，主要用于记木星（古称岁星）的位置。星纪是十二星次之一。与十二辰相配为丑，与二十八宿相配为斗、牛、女三宿（其中女宿跨玄枵而以玄枵为主）。《晋书·天文志》曰："自南斗十二度至须女七度为星纪，于辰在丑，吴越之分野，属扬州。"玄枵也是十二星次之一。与十二辰相配为子时，与二十八宿相配为女、虚、危三宿（其中女宿跨星纪而以玄枵为主；危宿跨娵訾而以玄枵为主）。按《尔雅》古以虚宿为标志星。分野主齐，属青州。《晋书·天文志》："自须女八度至危十五度为玄枵，于辰在子，齐之分野，属青州。"

疆　域 〔一〕

东滨大海，西抵胜安铺，南接小南门铺，北至白茆塘，东去七十里，西去一十里，南去二十里，北去八十里，周围三百余里。

形　胜

跨昆、嘉二邑之中，娄江横其前，古塘枕其后，左控沧海，右接马鞍。郡城东南，莫胜于此。按：龚璛记新州学云：带江控海，商贾之区，漕舟〔二〕之津，或以海邦乐土称之，矧今高城深池，文以敷教，武以保障，实为吴中之雄镇云。

风　俗

悦按：四方不同风，千里不同俗。古人入国而问俗，良有以哉！本州虽军民杂处，亦又有一定之风俗，志风俗。

正月一日，交贺年。

十四日，釜炙糯谷成花，名卜流。人炙之，休扬〔三〕咎，委童男女，或以贯彩线、簇花、簪髻。

元宵，每户以竹作灯棚。巨室则辑松柏为亭，街内外星宿灿烂。粉米为丸，煎油为堆，彼此馈遗。其赢者多张烟火，箫鼓达旦。

十六日，太仓卫不坐堂。夜，老姬率妇女历三桥，云免百病。

二月十二日花朝，儿女裂绛绡，系花果树。

三月三日，儿辈簪荠菜花。

〔一〕《嘉靖太仓州志》卷一《建置沿革》云："太仓割三县地以立州治，河通潮汐，界无山险，故辨其至到，明其广袤，使定方位，以典敷锡，庶免兼并逋逃之弊。若方野分星，所以考验水旱灾祥、人事得失、感应之理，有不可诬者。太仓斥境属吴大郡，宁无关乎？作疆域志，因附之：东滨大海，西连清水港，南抵葛隆镇，北限白茆河，东西广八十里，南北袤九十里，周围三百余里。西北至京师陆程三千五百七十二里，水程四千二百四十里；西南至南京陆程六百九十六里，水程七百十二里；西至本府一百五里。东至海七十里；东北至白茆港口九十里，至崇明县治二百五十里。西至昆山界十里，至县治三十六里；西南至昆山、嘉定界二十里。南至嘉定界十二里，至县治三十六里；东南至娄塘十二里；北至常熟界六十里，至县治九十里；西北至任阳四十里。"

〔二〕原作"州"，据缪荃孙《校勘记》改。

〔三〕缪荃孙《校勘记》"扬"作衍字。

寒食，插麦叶。

清明，家插柳于门，家扫墓。

五月五日，餐角黍，饮菖蒲雄黄酒，门悬艾虎，或贴丹书符。幼稚多以彩绒系符牌，悬于髻，午时收百草为药。武臣则率子弟于校场，走马射柳。

六月六日，家食馄饨与马齿苋。

七月七日，妇女陈瓜果，对月穿针乞巧。

八月朔旦，或收晨露，研朱点额，谓之天灸。望夕为会赏月。十八日金至张泾、吴塘观潮。

九月九曰，以糖、肉、诸果杂面为糕，谓之重阳糕。赏菊，饮茱萸酒。

十月一日，扫墓。是日，炽炭于中堂，谓之开炉。

冬至，拜贺如正旦仪。里巷会酒，名曰分冬。

腊月八日，以果肉、姜菜入米煮粥，曰腊八粥。

二十四日，祓室尘。至夕，以饼糖祀灶。

除夕，易门神、彩桃符，更春帖，祭祖祀神，封井，插芝麻萁于檐端。又以布囊盛石灰，印屋庭间。或以二炭倚于门，曰将军。暮则爆竹，焚辟瘟丹，家人围炉，深夜聚饮，谓之守岁。

此一岁风俗之大略如此。

其成婚者，朝则导鼓乐，婿拜女家，谓之转马。

有疾者，槌锣击鼓于天妃宫，还枷锁愿。

官军泛海备倭者，春夏于宫中设醮祈福。

凡若此者，濡染旧习，不能顿更。大抵文教渐摩日久，擢高科、登显仕者，后先相望，街坊子弟习举子业者，彬彬郁郁，虽戴鹖冠者，多能文习礼。延至悍卒顽民，亦畏守法度，矧州初立，政教一新，驯至比户，可封之俗恐亦易得也。

山　川 冈墩、井泉附

悦观太行、王屋皆石，三溪、渤澥皆水，若然，凡石皆山，凡水皆海。本州山少而水多，人能知一拳之于插云，一勺之于滔天，而山海同焉。则能混同大小而可谓之大方家矣，作山川志〔一〕。

〔一〕《嘉靖太仓州志》卷一《建置沿革》云："太仓山唯穿山为天作，余皆人为之者，似不可以名山。然卷石之多、篑土之积，亦谓之山。《书》曰'为山九仞'，《庄子》曰'丘山积卑而为高'，谓亦山可乎？盖山不外乎土石，益以树木，郁然成林，地势之镇压、风气之完结攸赖焉，岂徒以供游览而已耶？乃若冈以分疆，墩以瞭远，堤以捍患，其高覆平地，则囿丘陵之属也，因附山志。"

镇洋山[一]，在州治之后，上峙三峰，点以奇石，知州李端所筑。上下植松、杉、桧、柏之属，凡数百株，作亭其下，足为州中胜地。有记，见后。

穿山[二]，在州东北四十里，高一十七丈，周围二百五十步。山有洞通南北往来，故曰穿。《临海记》曰：山昔在海中，下有洞穴，高广各十余丈，舟帆从穴中过，予尝疑过帆之事为妄谈。正统间，近山居民景升氏凿池得桅梢，径尺二许，其为海中山岛无疑。噫！沧桑变更，理或有之矣。

青冈山，在州东北新安乡。

五家冈，在州北惠安乡。

州治之东，有所谓冈身[三]，曰太仓冈身、上冈身、下冈身、归吴冈身，官路南属松江、上海，北抵大江之阴，其下皆砂碛螺蚌，地宜菽麦。朱伯原所谓"滨海之地，冈阜相属，谓之冈身，天所以限沧溟而全吴人也"。"归胡"，李侯改作"归吴"，有说见《考证》。

> 悦按：郏亶《水利论》云"古者堰水于冈身之东"，及观朱伯原此说，则知古之冈身，必高岸曲阜，非如今平平大道也，所不废者，特存名耳。

抛沙墩[四]，去州东北十五里。

太仓塘，从昆山县东三十六里，由城南而下，直至刘家港入海。自苏之娄门七十里至昆山者，名昆山塘。其塘，松江之支流与之相接。按旧志：宋时潮汐不通，至元时，娄江不浚自深，潮汐两汛，可容万斛之舟。朱、张由是开创海运，每岁粮船，必由此入海。

〔一〕《嘉靖太仓州志》卷一《建置沿革》云："镇洋山，在州治后，知州李端所筑。土冈蜿蜒可三百步，植桧百数，高峙三峰，累以湖石。山下甃池，前有三亭，曰迎仙、曰来仙、曰游仙。山麓为洞，曰集仙，其上有亭，曰醒翁，知州倪宗正建。今俱废。梢西下有亭，曰吏隐，知州黄廷宣建。山名镇洋，取雄镇东海之义。"

〔二〕《道光璜泾志稿》卷七《文征》收录王育《穿山记》云："娄城北去稍东折四十里为沙头镇，复东北十里为漕头塘。塘之阳有大石蹲踞其上，是为穿山。山之高不及十五仞，石棱棱骨露，积埃甚浅，不宜木。石罅悉产金镫，每中秋前后花发，绛色逼空，游人携壶酒坐石，睥睨海天清碧，亦一乐也。石势北抱，土人强南之，而以官路出其背，山阴石广如屋，下平如堂址。广之左有洞，入未四五十步，渐闭。相传此洞可至虞山，然烛行，头上橹声欸乃，颇荒唐，不足信。广之右有洞，穿如阙门状，高可数仞，石齿齿欲落，可怖人。阙下有坠石二，大不胜举，未知何时坠也。人强置二庙于巅，颇碍胜境。山之形宛如伛偻丈人蹒跚道左，而又负二赘于背，累累然，安得一快丈人决去之耶？山下为凌氏田，凌氏盛时，闻有园亭台榭，今皆荒草寒烟，不可问矣。"

〔三〕《嘉靖太仓州志》卷一《建置沿革》云："按《说文》云'山脊曰冈'，太仓无山而顾有冈身者，盖海水日渐壅塞，积沙为土，岁久，地气凝结……堆土为阜，故兀然……"

〔四〕《嘉靖太仓州志》卷一《建置沿革》云："抛沙墩，在大北门外十五里。高十余丈，址周回百亩，皆沙碛不毛之地。土人取土致砌筑之用不竭。其地脉通州城中，亦有沙土可取用者。逃鹿墩，在州城西北十二里吴塘之傍，高可五丈，址周回二十余亩。按《说文》云：'平地堆曰墩，如丘陵之属。'太仓二墩则出于天作者。其平冈墩之类十有三，则瞭哨举火为防御之具。"

　　悦按：宋邱与权《至和塘记》云：吴城东闉距昆山县七十里，俗谓之昆山塘。至和二年，知县钱公纪修治城塘，遂以年号名之。沈括《笔谈》云：至和塘自昆山县达于娄门七十里。若然，至和塘者，乃昆山塘之别名，而不在于本州之界者也。又考之《吴郡志》云：宣和二年，开修昆山县茜泾浦，自太仓塘敛口。《边氏志》云：太仓塘在积善乡。由是观之，塘一而已，由娄门至昆山县者，谓之昆山塘，又名至和塘。由昆山县而至本州者，谓之太仓塘。以二塘俱在旧娄县之境，故又总谓之娄江。俗传以大西门入水关者为至和塘，又以娄江与太仓塘歧而为二者，皆不考之故也。

　　盐铁塘，缭绕数百里，经今州城中。其南入嘉定界，出吴淞江。其北入常熟界，至江阴入扬子江〔一〕，分支入海之处不一。旧传朱清盛时，其子显祖塞塘建宅，塞塘之在市者。筑为衢路，人无敢言者。朱氏废，泰定三年五月，都水监金事李居仁始拆毁太仓塘北分镇万户李八撒儿所建鼓楼，凿兹塘通于大塘。天历元年十月，始寻旧迹，太仓塘之南北，并行疏导，始脉络贯通，各从江入海，滔滔无壅矣。自伪吴张士诚填塞筑城其上，凡塘在城者，化为市廛已久，惟学宫之西名盐铁港者犹有数十丈塘形可见。弘治十三年三月，专管江南水利工部郎中傅公潮又命工开凿塘，复故地，城中舟楫可以往来矣。其塘之在州境者，南接古塘，北接七浦塘，凡五十里。

　　湖川塘〔二〕，在州北十里，西通吴塘，东入桃源泾。

　　杜漕塘，在州北二十六里，南连杨林塘，北通七浦塘。

　　杨林塘〔三〕，在州北二十四里，西连黄泾，东出大海。

　　闸头塘，在州北二十里，南连湖川塘，北通七浦塘。

　　吴塘〔四〕，在州西六里，南接古塘，北出七浦塘。

〔一〕《嘉靖太仓州志》卷一《建置沿革》作"至江阴出榜子江"。

〔二〕《嘉靖太仓州志》卷一《建置沿革》云："湖川塘东环出小塘子入娄江，北穿盐铁塘，西接金鸡河，多支流，与七浦、阳林之水并横贯州北盐铁塘中至北城下。"明陆容《菽园杂记》卷三云："吴下每有乡村小夫，语言应对，全不务实。问其里居，如安亭则曰安溪，茜泾则曰茜溪，石浦则曰石川，芝塘则曰芝川，嘐塘则曰嘐溪，涂松则曰松溪。但取新美，不知失其义理。盖亭乃汉制乡都之名，如华亭、夷亭、望亭皆古名；塘、浦乃吴中水道之名；川与溪则水出两山之间，大而驶者如蜀之东、西川，越之剡溪，婺之兰溪，湖之苕、雪等溪是矣。苏松之地，平畴千里，塘浦浜港，经纬其间，通潮处其水以时长落，无潮处其水平漫如常，与彼异矣。必欲以川溪名之，亦未为不可。但亭与塘浦，其名传自古昔，初非朝歌、胜母之可憎，柏人、彭亡之可忌。不知何辱于此辈，而必欲更之邪。"

〔三〕《嘉靖太仓州志》卷一《建置沿革》云："杨林塘东至花浦口入海，西由新塘，上承巴城湖，长可敌七浦，而州之田待其水以灌溉者尤广。往岁巡抚李充嗣亦尝一再浚之，工力弗竟，尚未有记之者。自杨林塘而南为湖川塘。"

〔四〕《嘉靖太仓州志》卷一《建置沿革》云："吴塘在州城西三里，南入娄江，径吉泾入嘉定界，北径湖川达七浦。宋时潮汐不通，至元时，娄江不浚自深，故吴塘水始大。永乐二年，户部尚书夏元吉开浚顾浦，南引吴淞江水北贯吴塘。今则娄江以南复淤塞如汗渠矣，自吴塘而西为黄浅泾、为黄泥泾，东为太仓塘。"

古泾塘，在州东二十里，西连张泾，东出大海。

七浦塘，去州北三十六里，西接昆城湖，通常熟、昆山二界之水，东出七丫口，注于海，东西亘百余里，民田旱赖以灌，潦赖以泄。惟直塘市而下，有名木榍湾者，沙嘴突出，少障水势。弘治九年春，总督江南水利主事姚文灏等又疏浚之。水益汹涌，沙溪南岸无不善崩。每当大信，潮落既迅，驾以西风，舟楫过沙溪诸桥，浑如挟翅，少戞桥柱，无不倾覆。涉险侔于吕梁矣。

七丫塘，在州东北六十里，西接浪港，东出大海。

陆窑塘，在州东北二十四里，西通摩罗泾，东入蒋漕泾。

横沥塘，有南北横沥，在沙头镇东，去州东北三十六里。

瞿泾塘，在沙头镇北，去州三十六里。

漕头塘，在穿山东北，去州四十二里。

刘家港，即娄江尾也。在州东一百里[一]，南连因丹泾，西接半泾，东流出大海。又按：朱氏《昆山续志》[二]云：自娄门历昆山县以东直达于海者，皆为娄江，俗呼为刘家港云。

浪港，在州东北四十里，西连七浦塘，东入大海。

陈大港，在州东北五十里，南通七浦塘，北接横泾。

茜泾[三]，在州东六十里，东北通七浦塘，从花浦口穿谢家塘至巡司。七浦塘而下有杨林塘，因花浦水进其塘，遂塞。杨林塘而下有大赦口，亦湮。二水俱宜浚，必塞花浦口，专以杨林通海为便。泾之东南通刘家河，由大妃宫前穿鲁漕口，亦至于司。其北通太仓塘，今亦未浚。考之《吴郡志》云：宣和三年，开昆山茜泾浦，自太仓塘敛口。今新州既立，因旧河形浚河，通于泾，则水道顺而民获其利矣。茜泾支河既塞，商贾舟楫南出人仓人塘，从天妃宫前小河而进；北由七浦塘穿花浦口而进，皆迂而远之也。

荡泾，在州东北二十里，南通闸头塘，东入摩罗泾。

摩罗泾，在州东北二十四里，南承桃源泾，北入七浦塘。

东横沥泾，在州北二十四里，南承湖川塘，北入七浦塘。

西横沥泾，在州北一十四里，南接湖川塘，北出七浦塘。

花浦泾，在州东北四十五里，南接七浦塘，北入浪港。

〔一〕《嘉靖太仓州志》卷一《建置沿革》作"在州城东七十里"。
〔二〕此志不见著录。《江苏旧方志提要》仅著录《昆山续志》八卷一种明代续志，王同祖纂，亦列入"佚志"类。
〔三〕《嘉庆直隶太仓州志》卷五十一《古迹·名迹》云："茜泾古塔，高四丈，围如之。相传鲁般一夜累甓成之。南里许，有池水，中见有塔影，为茜泾十景之一。或云尚有双井、环洞桥，皆仙一夕所造，有物色之者，仙遽去。故桥、井不及树，栏塔不及盖顶。今井废止，存桥、塔。"

唐茜泾，在州东五十四里，南通浪港，北入大海。

东阳泾，在州东北二十四里，南承七浦塘，北入浪港。

西阳泾，在州东北三十六里，南承七浦塘，北入浪港。

弓泊泾，在州东北三十六里，南承七浦塘，北入浪港。

黄泾，在州北一十四里，西接太平河，东出半泾。

新泾，在穿山西，去州四十里。

包泾，在大北门外，西通吴塘，东出半泾。

诸泾，在州东一十四里，南连吉泾，北通湖川塘。

张泾，在州城南三里。

周泾，在大东门内。

樊村泾，在城隍庙西。

姚泾，在大西门外。

陈泾，在小北门外。

旱泾，在大南门内。

顾门泾，在双凤市，去州北二十里。东通盐铁塘，西通昆山界。

白米泾，在涂松市北，去州东北四十里。内有东、西、中三湄泾，其中者通白米泾，其西者通周泾。两潮俱至，其中遂塞。弘治十三年春，郎中傅公潮命州判官龚诏按旧坝基筑坝于西湄泾之口，俾西湄泾之水通周泾，中湄泾之水通白米泾，而水利各无壅矣。

璜泾〔一〕，在穿山北，去州五十里。

绿鹤泾，在沙头镇西二里，北通湄泾，南出七浦塘。

陈智泾，在沙头镇东一里，北接周泾，南出七浦塘。

　　悦按：宋郏亶《水利论》云：昆山之东，地名太仓，俗号冈身。冈身之东有一塘焉，西彻松江，北通常熟，谓之横沥。又有小塘，或二三里，贯横沥而东西流者，都谓之门，若所谓钱门、张冈门、沙堰门、吴冈门及斗门之类是也。夫南北其塘则谓之横沥。横沥以总众流而泻之。东西其塘则谓之冈门，堰门、斗门者是。昔者堰水于冈门之东，灌溉高田。而又为冈门者，恐水之或壅，则决之入横沥，所以分其流也。故冈身之东，其田尚有丘亩经界、沟洫之迹在焉，是皆古之良田，因冈门坏，不能蓄水，而为旱田

〔一〕　赵曜撰《民国璜泾志略》沿革云："璜泾之名，按张采《州志》：近镇有泾，泾中有石如璜，富人欲取为山，不能起，是山根也，因此名镇。宋元时，故为巨镇。明初遭兵火，闾里为墟。成化间，邑人赵璧重建，父老感其惠，改曰赵市。常熟李文安公杰有碑记。后复旧名，初属常熟县之双凤乡。弘治十年，创立太仓州，始割隶焉。"

耳。冈门坏，岂非五代之季，民各从其行舟之便而废之耶？此治高田之遗迹也。又曰为民者利其浦之阔，坏其旁以为田，又利其行舟之便，决其堤以为泾。今昆诸浦之间有半里或一里、二里而为小泾，命之为某家泾、某家浜，皆破古堤而为之也。浦日以坏，故水道湮而流迟；泾日以多，故田堤坏而不固。又曰今欲取昆山之东、常熟之北凡所谓高田，一切设堰，潴水以灌溉之。又浚其所谓经界沟洫，使水周流于其间，以浸润之，立冈门以防其壅，则高田常无枯旱之患，而水田亦减数百里流注之患。夫郏氏所谓横贯南北谓之横沥，岂即今名之盐铁塘者欤？今浦日以狭，而诸塘、泾、港脉络俱不相通，又不止郏之时也。为今之计，当深浚诸河，痛治湮浦者之罪，塞潮两来之源，浦阔则潮可容，潮不相格则易落而沙不积，水道既通而又于潴水之堰次第成之，则御旱有具，庶几民可足食也。本州高田甚多，故缀其说如此。又浚河之法，连浚三年，则浮土不下，而河可久不淤塞。

高道坚井，在大南门内。
倪道义井，在大南门外。
明德坊义井，在太仓卫前。
兴福义井二口，在兴福寺前。
通海泉，在佑圣道院内。

土　产

本州所产五谷、蔬果、羽毛、鳞介、花卉之属，多与一郡同，今惟著其独出者。

苎布，真色者曰腰机，漂洗者曰漂白。举州名名之，岁商贾货入两京各郡邑以渔利。

饴枝糖，一名梅花糖，又名葱管糖，又一种为剪松糖，皆松脆可食，惟沙头、直塘、双凤者为佳。

米花糖，其法以糯米浸经宿，炊饭晒干，夹砂炒虚，筛去其砂，用饧糖、沙糖煎过，用大片薄荷拌和成剂，切片，供茶食。出直塘市。

砂糖煎，俗称直塘糖，因出于直塘，故以市名名之。相传元富室何氏所制，后人相传其法。其名数品，曰糖煎，曰冬瓜片，曰姜丝，曰宿砂糕，曰橙糕，曰芝麻糕，曰薄荷板。卖者贮以竹器，封以记号。外方虽有效为者，终不似真也。

堆砂饼，州城者独佳。

重阳糕，沙头、涂松者佳甚。

玉箸鱼，长寸许，大如箸，有子细软，可食。沙头、涂松七浦塘中出。

柑橘，直塘、双凤等处所种植以渔利。有名脱花甜，光皮蜜橘，他邑所无。

玉兰花，其花类木笔，极大者开花数千朵，莹如玉雪可爱。李、杜、欧、苏诸大家，想未之见，故不见诸题咏也。陆龟蒙有《木兰堂花》诗，恐即此花。

牡丹〔一〕，有千叶大红、千叶楼子紫，他处不能传种。今沙头、涂松旧家间或有之。

市　镇

诸泾市，在州东十里。

涂松市〔二〕，在州东北三十五里，傍七浦塘，宋元丰间，去镇为市。伪吴张士诚曾筑城营兵于此，以备海寇。今废。盛季文诗有"蒺藜几处荒城秋"，叹此地也。

直塘市，在州北三十里，临七浦，水无地迤曲折，故名。

吴公市，在小娄塘，去州南十五里。嘉定知县吴克明导民此处为市，故名。

新市，在州东北三十里，义官王俊创建。

隆市，在州东六十里，义官王翔创建。

半泾市，在州东十五里〔三〕，义官王俊创建。

璜泾镇〔四〕，即赵市，在州东北五十里，义士赵璧创建，礼部侍郎李杰有记。

甘草市〔五〕，在州东北七十里，又曰甘林。东临大洋，为州极边之地。

新安市〔六〕，义官钱璞创建。

〔一〕 明陆容《菽园杂记》卷十二云："江南自钱氏以来，及宋元盛时，习尚繁华，富贵之家于楼前种树，接各色牡丹于其杪。花时，登楼赏玩，近在栏槛间，名楼子牡丹。今人以花瓣多者名楼子，未知其实故也。"

〔二〕《嘉靖太仓州志》卷五《乡都》云："父老相传：此亦海也，涂松，涂上之松也。唐龙朔间，有庵有院，至宋元，有酒肆。"

〔三〕《嘉靖太仓州志》卷五《乡都》作"去州北一十五里"。

〔四〕《嘉靖太仓州志》卷五《乡都》云："去州东北六十里，近镇有泾，泾中有石如璜，富人欲取为山，费工力甚，多不能起，乃知为山根也。成化间，义士赵璧创市。礼部侍郎李杰碑记云：'今太仓州之赵甫，旧为常熟县之璜泾镇，弘治间增立太仓州，始割隶焉。璜泾故大镇，元季兵燹，民始荡析离居，而昔时繁华之地鞠为草莽之区矣。国朝混一以来百有余年，无有能兴复者。承事郎赵君仲辉，世居其地，慨然以为己任，乃捐赀鸠工，僦材构屋数百楹，以处流寓；建桥梁、修道路，以便往来。于是，商贾骈集，货财辐辏……间三十余年，聚居益盛，远近之人皆以赵市名之……'"

〔五〕《嘉靖太仓州志》卷五《乡都》云："甘草市，去州东七十里，旧名甘树，又名甘林，东临大洋，有巡检司。"

〔六〕《嘉靖太仓州志》卷五《乡都》云："陆公市，在涂松北，旧为陆氏创建，后义官钱璞修葺之，更名新安。"

陆河市，在州北七十里，内有陆家河，故名。

双凤镇，在州北二十四里，又曰双林。居民稠密，市物旁午，人多好读书，故科第代出，甲于诸市。晋成帝咸和六年，天竺沙门支遁因之直塘，访瞿硎先生，见东南有五色气，卓锡记之。黎明，令耕者劚之。其土皆五色，中有石函，二龟化为双凤而去，故乡以双凤名，市亦因之。

沙头镇[一]，在州东北三十六里，又曰沙溪，临七浦塘。民乐耕桑，富室亦多好事，士习经书，科甲代不乏人。

茜泾镇[二]，在州东五十里，相传旧出茜草，故名。

已上诸泾、茜泾、新市、半泾，乃昆山所分；沙头、双凤、璜泾、陆河、甘草、涂松、直塘、陆公、_{即新安市。}隆市，乃常熟所分；吴公市，则嘉定县所分。

[一]《嘉靖太仓州志》卷五《乡都》云："洪武中兴创，民居市物，可埒双凤。父老相传，此亦海也。沙头，沙之头也。今府有沙头河迫所提举，盖昔在本镇，今迁去云。"
[二]《嘉靖太仓州志》卷五《乡都》云："有巡检司、税务子局，即宋杨林寨也。按：杨林寨，绍兴四年巡检和通建，有阅武亭，范雩撰碑记。"

太仓州志卷之二

太仓州志卷之二

城 池四关附

悦按：郑弃虎牢，君子病其失险；鲁城中城，君子责其外民。然则高城深池，未必不可为固，而亦不可恃之以为固也。述城池。

太仓旧无城，东至东门，西至西城，南至旱泾，北至木行四桥止，各设木栅而已。

至正十七年，张士诚遣伪将高智广，始筑城以备海寇。周围一十四里五十步，高二丈，阔三丈，池一十五里百七十步，深一丈五尺，广八丈。陆门七，曰大东、小南、大南、小西、大西、小北、大北，水门三，曰大东、小西、大西。

先是，全城俱守于太仓卫。天顺六年九月，内总督备倭都督佥事董良奏准，始与镇海卫分守。自大南门转西直，至东城隅，陆门四，水门二，城铺三十五，属太仓。自大南门直东，抵城北角，陆门三，水门一，城铺三十，属镇海。每铺军余五名，每门官军四十二员名，看把七门。城楼俱久废弛，惟大南门楼，成化十八年，总督备倭都指挥同知郭铉鼎建。

按旧《太仓志》云：太仓始迁之初，分太仓塘，南抵三里桥，故二十九保地为南隅。北抵古塘，故二十七保地为北隅。南隅之境，东尽半泾，西尽吴塘，民物繁盛，而无城郭，无以备海寇之祸。今之城池，虽成于僭据之际，而其保障之功，后世实赖之矣。陆式斋云然。

张泾关，在州城南三里。

半泾关，在州城东三里。

吴塘关，在州城西三里。

古塘关，在州城北三里。

悦按：四关，元时水军万户府以官守。洪武间，军卫掌守。今水道湮塞，其半泾、吴塘、古塘三关，俱在正统七年革废，惟张泾一关尚存，镇海每季拨军十名守把。

坊　巷

明德坊，在太仓卫前。　　仁政坊，在明德坊北。
崇文坊，在甘泉巷北。　　兴政坊，在旗纛庙前。
声教坊，在鼓楼桥东。　　里仁坊，在镇民桥北。
广寰坊，在武陵桥南。　　中正坊，在武陵桥南。
丰积坊，在明德坊南。　　富安坊，在丰积坊东。
丰义坊，在旱泾桥北。　　富润坊，在旱泾桥南。
太和坊，在旱泾桥下。　　兴隆坊，在镇海卫前。
兴德坊，在兴隆坊北。　　佑圣坊，在□□〔一〕巷内。
德润坊，在灵官庙东。　　积善坊，在城西桥东。
余庆坊，在城西桥西。　　太平坊，在鼓楼桥下。
通济坊，在镇民桥西。　　昼锦坊，在三洞桥北。
安福坊，在昼锦坊南。　　义和坊，在东门桥下。
通海坊，在景祥坊西。　　景祥坊，在海门第一桥。
仁厚坊，在景祥坊北。　　广济坊，在永安桥西。
东华坊，在灵慈宫前。　　长春坊，在长春桥下。
进贤坊，在盐仓东。　　　德济坊，在盐仓西。
登瀛坊，在登瀛桥下。　　富盈坊，在八字桥东。
甘泉巷，在富安桥北。　　积宝巷，在旱泾桥南。
旗纛巷，在兴政坊内。　　北巷，在武陵桥北。
安泰巷，在税课局西。　　泰福巷，在安福桥下。
泰昌巷，在东门桥东。　　仁和巷，在东门桥西。
仁德巷，在仁和巷内。　　盐铁巷，在儒学西。

〔一〕　原阙。《嘉庆直隶太仓州志》卷四《营建上·坊巷》作"佑圣坊，北巷内东；德润坊，北巷内西。"《宣统太仓州志》同。

乡　都

新安乡。七区五十四里。

惠安乡。九区六十四里。

湖川乡。四区二十四里。

　　已上昆山县所分。

双凤乡。七区九十四里。

　　已上常熟县所分。

乐智乡。三区四十里。

循义乡。三区二十七里。

　　已上嘉定县所分。

桥　梁

　　悦按：《孟子》云："岁十一月徒杠成，十二月舆梁成，民未病涉也。"桥梁亦王
政之一事。述桥梁。

海门第一桥，即南周泾桥。在景祥坊。元至顺元年，里人郏道富建。

安福桥。在旦锦坊南。元天历二年，僧崇福建，俗名三洞桥。太仓、陈门二塘之水，至此交会，
东出海门第一桥，以于入海。

致和桥。在今儒学后。成化十年，里人陆宗晟建。

　　悦按：塘误名至和，今桥名因之。

武陵桥。旧名惠安桥，在今镇海卫前。宋至和间，僧文惠建。

税务桥。在武陵桥西。

兴福桥。在西城桥东，俗名郭道桥。元元统二年，里人郭普济造。

西城桥。在大西门内。元至正三年，里人沈荣一造。

兴福香花桥。在大西门外兴福寺前，僧惠暎重建。

望仙桥。在大西门外。

　　已上皆跨太仓塘上。

登英桥。旧名张家桥，以木为之。在今儒学前。景泰五年，百户程顺重建，易之以石，教
授李亨改今名。

长春桥。在名宦庙前。元至正四年，郏道亨建。

登瀛桥。在长春桥西。元至正五年，沈大建。

包家桥。在小西门水关外。

新板桥。在小西门外新泾港口。天顺间，千户过玉建。

镇民桥。俗名陈门桥。元至顺庚午，郏道富建。

　　已上皆跨陈门塘上。

永安桥。在灵慈宫前。元至元六年，僧智慧建。

北周泾桥。在仁厚坊东。元泰定间，薛道纯建。

吉利桥。

清平桥。在吉利桥东。元泰定戊辰，朱清甫建。

东安桥。在安福桥东。元泰定甲子，唐茂之建。

普安桥。在东门北。元泰定间，陆义建。

太平桥。在普安桥东，陆义造。

岳庙香花桥。在城隍庙前。元至正壬辰，道士殷元善重建。

集福桥。在城隍庙东。元至正十年，杭仁建。

仁义桥。在集福桥东，杭仁建。

仁礼桥。在集福桥东。元至正十一年，徐文贵建。

樊村泾桥。在岳庙南。元至顺四年，丁文彬建。

玄通桥。在玄坛庙西。元至顺间，郏道亨建。

鼓楼桥。在武陵桥东。元至正二年，曹德甫建。

木行桥。在北旱泾桥东。元至正二年，邵建造。

北旱泾桥。在北巷内。元至正十年，李润之建。今废。

旱泾桥。在大南门内。元天历十年〔一〕，汤文胜建。

锦云桥。旧名戴家桥，在丰积坊西。成化十二年，参政陆昶重建。因跨锦云溪上，故易今名。

广宁桥。在甘泉巷内。元至正三年，张道荣造。

圣福桥。在崇文坊东。元天历二年，汤文胜建。

庆安桥。在崇文坊东。元大统二年，锺道亨建。

南板桥。在太仓卫东。洪武十一年，指挥朱文建。

德济桥。在盐仓西。元至正五年，张成礼建。

〔一〕　天历十年，底本如此，然元天历年号仅三年，误。

通济桥。在太仓卫后。洪武十一年，指挥朱文建。

蒻巾桥。在海宁寺前。宋至和元年，朱信建。

富安桥。即八浦桥，在鼓楼桥东。元至元六年，朱旭建。

天历桥。即杜卖香桥，在丰义坊内。天历间造。

　　已上皆在城中。

永福桥。俗名三里桥，在南门外。洪武二年，邱继寅建。

迎仙桥。在城西。洪武十年，吴子中造。

张泾桥。在城南。元至元九年，强钮重建。今废。

古塘桥。在城北。吴元年，指挥朱文建。

福济桥。在古塘上。

陈泾桥。在城北。洪武二十四年，杨寿四建。

太平河桥。在城北。永乐十四年，张天祥建。

寿山桥。在城北朱虎妻墓前。

吴塘桥。在西门外。宣德四年，高道人建。弘治十三年，千户陈昇督造，以石易木，利济可久。

陈家桥。在小北门外。至正庚午春，辛卿建。

舍家浜桥。在大西门外。

姚泾桥。在吴塘桥东，景泰间重建。

　　已上俱在城外。

　　悦按：杨氏《志》[一]又有广庆桥，在惠安桥西，永安桥在西门，保安桥在三皇庙西，乐安桥在保安桥北，普宁桥在报本寺前，普福桥在声教坊内，普通桥在文庙西，永丰桥在文庙后，众安桥在海宁寺东北，寺泾桥在海宁寺西，平福桥在义济桥东，迎祥桥在东岳宫前，崇福桥在崇福□[二]左，圣顺桥在姚泾。他如顺兴、德济、至□、安济等桥，凡若干座，皆在太仓城郭之间，而与季《志》[三]所载不同，岂桥仍旧而易其名欤？抑别建置于他处欤？今两存之，以备参考。

平昌桥　至顺四年，谢总管以石架，有刻存。

　　右[四]桥在直塘市，跨周泾。

〔一〕　疑似即杨谌《昆山郡志》，可今传世本没有桥梁记载。
〔二〕　原阙。《民国镇洋县志》云："崇福桥，养济院左，久废。"
〔三〕　当即季篪纂《昆山志》十八卷，已佚。
〔四〕　原刻本之字为竖排，指"以上"。下同。

香花桥。在广安寺前，绍兴间，僧了悟建。

木行桥。洪武中建。

　　已上二桥俱在直塘市，跨七浦塘。

孩儿桥。

　　右桥在涂松市，跨七浦塘。

白米桥。

三里桥。

　　右二桥在涂松市，跨白米泾。

刘家桥。元旧族刘氏架石，久圮。成化间，顾铠重建。

中市桥。在中市，故名。

　　已上二桥在双凤镇，跨顾门泾。

迎仙桥。元道篆周静修建。天顺间，周棠重建。

　　右桥在双凤镇，跨徐泾。

庵桥。

义济桥。

通津桥。知州李端、州同知周明同建。

陈抟桥。

　　已上四桥，俱在沙头镇，三跨七浦塘，一跨横沥。

青石桥。在穿山北。元至正十六年造。

塘桥。在沙头镇北四里。

　　已上二桥，一跨漕头塘，一跨瞿泾。

保安桥。砖有"塔影"。

　　右桥在茜泾南。

刘氏石桥。义民刘宗文建。

　　右桥跨漕头塘上。

牌　坊

　　悦按：通衢大道，重檐雕棋，揭名大书，华贲州邑，激励后进，所系亦大矣。然有抑之而自扬，暗之而益彰，名之所在，能雕三光，则又不系形之存亡也，而况有恃予外哉！呜呼！即粗迹以为劝惩，独兹一事否耶？志牌坊。

政教坊。

承流坊。

宣化坊。

进士坊。

 一为乙丑进士陈琏立，在镇海卫西。

 一为戊辰进士陈琦立，在武陵桥南。

 一为辛未进士陆泉立，在明德坊南。

 一为甲戌进士顾瑾立，在武陵桥南。

 一为庚辰进士郭经立，在大西门外。

 一为甲申进士夏时立，在小西门外。

 一为丙戌进士陆容立，在明德坊北。

 一为壬辰进士姜昂立，在大南门外。

 一为己未进士黄瑄立，在[一]

会元坊，为甲申进士陆钺立，在儒学西。

状元坊二座：一在儒学东，一在北巷口，为弘治癸丑进士毛澄立。

发迹贤科坊，为福建右参政陆泉立，在明德坊南。

绣衣坊，为山东道监察御史高宗本立，在东门桥西。

云鹏坊，为丁卯科举人温厚立，在武陵桥南。

应奎坊，为癸酉科举人何明立，在丰义坊。

昼锦坊，为癸酉科举人蒋珍立，在东门桥东。

世思坊，为癸酉科举人周泽立，在锦云桥西。

武秀坊，为癸酉科举人李显立，在大北门内。

蜚英坊，为己卯科举人夏时立，在小西门内。

腾踏坊，为己卯科举人庞珵立，在城隍庙西北。

攀龙坊，为己卯科举人张琛立，在丰积桥北。

登云坊，为己卯科举人胡琏立，在大南门内。

丹桂坊，为己卯科举人丁锐立，在锦云桥西。

经魁坊，为壬午科举人管昌立，在大北门内。

〔一〕原阙。

翔凤坊，为戊子科举人陈恺立，在攀龙坊北。

人瑞坊。殿元毛澄祖弼，年已百岁，巡抚都御史彭公命州建立。

张节妇坊，在丰积坊北。

刘节妇坊，在南门外三里桥北。

　　已上人材，或出于民，或出于武弁，州之未立，其人居太仓，而坊亦随之，其地则属昆山者也。

兴俊坊，在穿山西。天顺壬午年，为举人周绍荣立。

青云坊，在沙头镇。成化乙酉，为举人郁容立。

毓英之门，在湄泾上。正统间，为举人张汝昌立。

登俊之门，在双凤镇。天顺间，为举人顾仑立。

绣衣坊、进士坊，二坊俱在塘桥，为陕西参政顾以山立。

胡节妇坊，在双凤镇。

　　已上诸坊，州未立先俱，属常熟。

官　廨

　　悦按：太仓旧为昆山州治。至正间，复移昆山故处，今复创为州，以便军民，甚盛举也。经营之初，财力不赡，牧民者心力拮据，宜纪其概，使后享其成者，知有所自，以兴举废坠于不替云。

州治[一]，在城之北隅，即旧教场地也。弘治十年，巡抚右副都御史朱公瑄奏立。四月，委苏州府同知万祥，昆山、常熟、嘉定三县知县张鼒、杨子器、孙玺相址营度。知府曹公凤至任，又亲诣州区画成规，尤不周悉。未几，知州李端等奉命之任，鼎新创建，渐次落成。

　　计地：州前面五十九丈三尺八寸，后六十丈七尺八寸，东长八十三丈八尺六寸，西长八十三丈一尺六寸；州后余地，东边长二十七丈二尺，西长如东，北阔六十丈七尺八寸。

〔一〕《嘉庆直隶太仓州志》卷四《营建上·公署》云：“州治在城北隅，元延祐中迁昆山州治于太仓，即今太仓卫旧址，今州治故教场也。明弘治十年，巡抚都御史朱瑄奏立州……前照墙列两坊：东额‘政先四邑’，西额‘化洽五城’。坊南二亭：东曰旌善，西曰申明。大门谯楼一座，仪门中三间，东西角门各一间。土地祠即寅宾馆，在仪门外东；狱房在仪门外西；甬道在仪门内，中立戒石亭，东西廊吏书房各十二间，大堂三间三轩，穿堂三间，二堂五间，东架阁库、西库房各三间。知州宅在堂后正中，宅门门房共三间，三堂三间，花厅三间三轩，土地堂三间。”

门楼五间、仪门三间、左右小房各三间、正厅三间、左右耳房各一间、吏目厅三间、会问厅三间、两廊共一十八间、穿堂三间、后堂三间、左右耳房各一间、左右库房三间、厨房三间、右边册房六间、吏舍共五十五间，在正厅。

东监房一十二间，在仪门西；土地堂三间，在仪门东。知州李端名监房曰回福堂，取古人囹圄为福堂意也。戒石亭一间，在甬道中。版房，在州门前，共一十二间。

衙　院

知州衙院〔一〕，在正厅北。

同知衙院〔二〕，在厅东北。

判官衙院二处：一在正厅西北，一在正厅东。

吏目衙院〔三〕，在正厅西南。

州　官

知州　李端，字表正，湖广襄阳府枣阳县人。

同知　丁隆，字时雍，江西南昌府南昌县人。

　　　周明，字用远，福建福州府怀安县人。

判官　陈玺，字文宝，山东东昌府堂邑县人。

　　　龚诏，字克承，浙江金华府兰溪县人。

　　　黄谱，字邦序，湖广黄州府蕲州黄梅县人。

吏目　杨善，字德良，陕西延安府安定县人。

　　　舒泰，字伯通，浙江处州府缙云县人。

察院〔四〕，旧名书院，在儒学西。原昆山县知县杨谧重建。正厅三间三轩、左右耳房各一间、两廊房共一十八间、仪门三间三门、穿堂一间、后堂三间、耳房二间、

〔一〕《嘉靖太仓州志》卷四《公署志》云："知州宅，在堂后正中；同知宅，在东；判官宅三：一在同知宅南，一在知州宅西，一在西南；吏目宅，在仪门外东，旧在西判官宅南，嘉靖十九年迁此。"

〔二〕《嘉庆直隶太仓州志》卷四《营建上·公署》云："州同署旧在州宅东。国朝乾隆十一年，移驻茜泾城。十八年，州同陈家模领帑建，基地五亩二分，前照墙，大门、仪门各三间，书吏房、衙役房各三间，大堂三间，穿堂一间，东西房各三间，上房、厨房各三间，下房五间。"

〔三〕《嘉庆直隶太仓州志》卷四《营建上·公署》云："吏目署旧在州宅西南。明嘉靖十九年，改巡盐判官署，迁仪门外。及判官裁，仍移旧处。国朝乾隆十六年，吏目王修五动款二百九十余两，不足，复捐养廉以建之。"

〔四〕《嘉靖太仓州志》卷四《公署志》云："正统三年创立……弘治中，知州李端建方亭于堂后，扁曰清风，今改曰筹海。"

厢房庖厨共九间。后堂将朽，知州李端重建。后复建亭，名曰清风。

公馆〔一〕，在镇民桥西。弘治九年，苏州府同知李复贞建。外门三间、仪门一座、正厅三间、后堂三间，庖厨悉具。

税课局，在海宁寺前，元已有之，吴元年重设，原属昆山县。正厅一间一轩、门房三间、库房一间、牌楼一所。子局五处：一在城内，一在石浦镇上，一在兵墟镇上，一在茜泾镇上，一在安亭镇上。

茜泾巡检司〔二〕，在州东北四十五里，即宋之杨林寨。吴元年，改为巡检司。鼓楼三间、正厅三间一轩、库房一间、版榜披三间、狱房三间。

唐茜泾口巡检司〔三〕，在州东北五十四里。洪武八年五月开设。外门一座、正厅三间一轩、板榜披六间、狱房二间。

刘家港巡检司〔四〕，在州东七十里。洪武七年开设，巡检张于建。正厅三间三轩、库房二间二舍、巡检宅一间一舍。

甘草巡检司〔五〕，在州东北七十里。正厅三间一轩、两廊六间、前门仪门各三间、土地祠一间、监房三间。

阴阳学〔六〕，新设典术瞿坤。

医学，新设典科杜璧。

僧正司〔七〕。

道正司〔八〕，新设。道正顾以玄。

旌善亭。

申明亭。

　　二亭俱在州前。

养济院。

〔一〕《嘉靖太仓州志》卷四《公署志》云："府馆，在镇民桥西长春里。弘治九年，苏州府同知李复贞割文昌道院地基之半建。"
〔二〕《嘉靖太仓州志》卷三《兵防》云："旧隶昆山，今属于州。"
〔三〕《嘉靖太仓州志》卷三《兵防》云："唐茜泾巡检司，在州城东北五十四里，即昆山镇巡检司。洪武七年设，成化间，迁置东花浦口，今隶于州。"
〔四〕《嘉靖太仓州志》卷三《兵防》云："在港口濒海……旧隶嘉定，今属于州。"
〔五〕《嘉靖太仓州志》卷三《兵防》云："在甘草市，洪武七年设，旧隶常熟，今属于州。"
〔六〕《嘉靖太仓州志》卷四《公署志》云："阴阳医学，在州治前申明亭南，旧废。嘉靖二十六年，知州周士佑修建。"
〔七〕《嘉靖太仓州志》卷四《公署志》云："在海宁寺。"
〔八〕《嘉靖太仓州志》卷四《公署志》云："在二卿祠。"

仓　场

太仓军储仓，在长春桥西南。洪武二十年，指挥高晓建。旧隶嘉定县，门房三间、仓厅三间，天、地、月、积、盈、洪六廒共五十间。

镇海军储仓，在长春桥南，旧为武宁庵。洪武三十年，贮粮于此，遂增建为仓。旧隶昆山县，正门一间、仓厅三间一轩，天、地、玄、黄、丰、盈六廒共六十一间。

便民仓，旧在大南门外〔一〕，临娄江。潮涌，输税之舟危莫能保，且密迩大海，远识者或虞不测，迁之。患其无地，西门有寺名兴福，虽归并报本寺，寺未毁时，殿宇宏丽，一夕而灾，似非偶然。巡抚都御史彭公礼遂相其地，檄知州李端等建立为仓，军民称快。

西门接官亭〔二〕，海宁驿故址，正厅三间、门房三间。

南门接官亭。

铺　舍

州前急递铺，先在太仓卫前，今移州前。

胜安急递铺，在惠安乡，去州西一十里。

诸泾急递铺，在惠安乡，去州东一十里。

井亭急递铺，在湖川乡，去州北二十里。

张泾急递铺，在州南，去州南一十里。

坛　壝阙

军　卫

悦按：《周礼·夏官》"万二千五百人为军"，军有将。"二千五百人为师"，师有帅。

"五百人为旅"，旅亦有帅。"百人为卒"，卒有长。兵民未分也。自是而后，民以养军，

〔一〕《嘉靖太仓州志》卷四《公署志》云："即海运仓基。"《嘉庆直隶太仓州志》卷四《营建上·仓储》云："便民仓即水次仓，在大西门外，旧在南门外，即海运仓基。"

〔二〕《嘉庆直隶太仓州志》卷五十一《古迹》云："娄江西馆，即宁海驿故址，正统八年改馆。嘉靖间重建，门堂寝庑俱备，门前亭曰西关驻节。国朝以来圮废，止存碑亭，俗呼接官亭。"

军以卫民。军民歧而二矣，军卫其可以不设耶？述军卫。

太仓卫[一]，在镇民桥南，即元之昆山州治。国朝伪吴元年，立经历司、镇抚司五所相附。军器局，在卫西北。指挥使陈翱、汪澄、张汉三人，指挥同知熊兆、马聪、王鸾、傅钺、王江五人，指挥佥事江英、张鹗、曹宗、张兢、陈璧、朱节、夏炅、王宗、姚震、沙海、郭乾十一人，卫镇抚张辅、张政二人，正千户卞堂等七人，副千户王戬等十人，百户杨政等六十七人，所镇抚戴经等二人。

镇海卫，在武陵桥北，即元之庆元市舶提举司，又隆福寺遗址。国朝洪武十二年，分太仓卫在城五千户军士之半，设为六所，置卫。经历司、镇抚司五所相附。军器局，在卫治东南。指挥使武勋、王辅二人，指挥同知孙观、宋章、杨育、赵缙、浦荣五人，指挥佥事王立、姜瑢、江仪、陶纲、陈锐、孙汉六人，卫镇抚侯雄、陈轩二人，正千户陈表等十人，副千户徐昇等二十一人，百户薛瑾等五十九人，所镇抚董赟等二人。

教场一所，原在小北门内。弘治十年，改为州治，迁于城南张泾关旧仓基。

〔一〕《嘉庆直隶太仓州志》卷四《营建上·公署》云："太仓卫署在县界长春铺前，照墙东西列栅门、申明亭一，西向大门、仪门各三间，吏书房东西各三间，大堂三间……二堂三间三轩，书房六间，正房五间。"

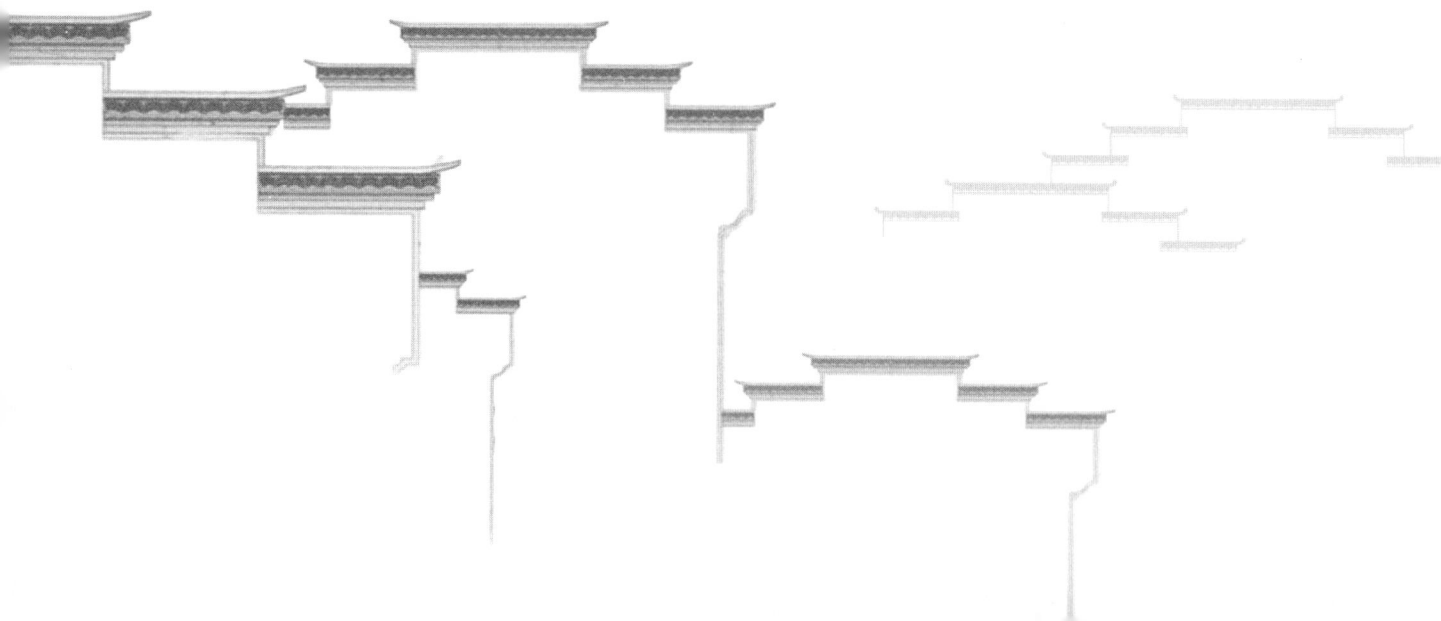

太仓州志卷之三

太仓州志卷之三

学 校

悦按:《孟子》曰"三代之学,皆所以明人伦也"〔一〕,此古学也。朱子曰"学绝教养衰,争先占抢魁",此今学也。其实今之学,犹古之学也。士君子由今之学学古之学,出为世用,虽经纶天地,参赞化育,一皆性分之所固有,职分之所当为者耳,又何必待文王而后兴哉!古如是,今如是,不如是不足以为学。述学校〔二〕。

太仓旧有昆山州学,在今州治西。元至正十七年,州复昆山旧治,学遂颓圮,惟圣殿如鲁灵光之犹存。

国朝正统初,有隶戍伍查用纯者建议奏闻太仓、镇海宜合建一学,得请。时巡抚、工部侍郎周公忱度地于镇民桥东,得元水军都万户官第,因建今学。圣殿与圣贤肖像俱仍废学之旧。明伦堂及后堂则葺官第旧宇。若灵星、戟门、两庑,以全祭器之属,则斩新造制。

景泰三年,教授李亨以增修为己任,白于巡抚、户部侍郎李公敏,命昆山主簿洪汝鉥〔三〕经画其事。二卫指挥同嘉定令李哲合以赀助,增建神厨、神库、祠堂、牲房及号房二十五楹,立育贤、宣教二坊于通衢。亨自为之记。

成化六年,巡抚都御史滕公昭又命两卫增盖号房一十楹。十年,巡抚都御史毕公

〔一〕 语出《孟子·滕文公上》:"设为庠序学校以教之。庠者,养也;校者,教也;序者,射也。夏曰校,殷曰序,周曰庠,学则三代共之,皆所以明人伦也。"
〔二〕 明陆容《菽园杂记》卷二云:"太仓未有学校之前,海宁寺僧善定能讲《四书》,里之子弟多从之游。尝与人曰:'为人不可坏了大题目。如为子须孝,为臣须忠之类是也。'淮云寺僧惟寅亦能讲解儒书。尝语人曰:'凡人学艺须学有迹者,无迹者不能传后。如琴奕皆为无迹,书画诗文有迹可传也。'此亦有见之言,其徒尝诵之。有诘之者曰:'为人而去其天伦,谓之不坏大题目,可乎?为学出日用彝伦之外,而归于寂灭,谓之有迹,可乎?'其徒不能答。"
〔三〕《嘉靖昆山县志》卷五《官守》作"洪汝鈇"。

亨以明伦堂卑隘，官给白银二十五镒，命官仍于旧址开拓鼎建。十六年，巡按御史陈君鼎又命两邑重盖穿堂二楹、后堂五楹。

弘治十年，复改为州，知州李端增盖二斋，其地姑仍旧贯。大成殿一座三间，左右两步廊，东西两庑一十二间。戟门三间，左右两耳房。灵星门三座，明伦堂三间，轩三间，左右两耳房。穿堂三间，在明伦堂后。后堂五间，在穿堂后。忠义斋五间，居东；孝敬斋五间，居西；文惠斋讲堂三间，在号房北；号房二十六间，在明伦堂东；祭器库三间，在明伦堂东南；神厨三间，在祭器库东；宰牲房三间，在祭器库南；学门一座，在灵星门东；先贤祠，在戟门右；土地祠，在戟门左；射圃亭一座、学正衙一所，在后堂北；训导衙三所，在学正衙东西。

本学田共计二顷九十三亩二分六厘六毫，巡抚、侍郎周忱拨与本学，召人佃种入租，为修理之费者。

其田坐落昆山县二十七保，今本州改为都。谈字圩田一顷五十五亩五分八厘六毫：二号六亩八分五厘七毫，三号八亩七分八厘六毫，六十七号一十七亩四分六厘，七十一号四亩三分五厘，七十五号二亩五分，七十六号三亩五分四厘，七十八号三亩九分，八十号二亩一分七厘，八十七号一十三亩四分三厘，八十九号四亩三分四厘。

谈字圩田每亩征租四斗五升，行字圩田每亩征租三斗。

学　　官

元

昆山州学正[一]

刘秉彝。[二]	施　埙。
王　立，字晚香，平江人。	史　纬，字德甫，庆元人。
陆　介，字伯寿，无锡人。	李鸣凤，号黄山，杭州人。
王内泰，字伯阳，婺州人。	贡师正，字德甫，宁国人。
刘文庆，字伯善，婺州人。	周师式，绍兴人。
陈　礼，字和卿，池州人。	李　朴，字崇道，济南人。
郑廷鸾，字伯飞，玉山人。	欧阳幹[三]，字中礼，永新人。

〔一〕《嘉靖昆山县志》卷五《官守》作"元教授"，且多一名"蔡基"。
〔二〕《嘉靖昆山县志》卷五《官守》作"刘秉懿"。
〔三〕《嘉靖太仓州志》卷九《古迹》误作"顾阳幹"。

国朝
卫学教授

朱 冕〔一〕，字士章，嘉兴人。　　李 亨，字嘉会，华亭人。

李 杰，高密人。　　刘明渊，丰城人。

孙 珩，字文玉，余姚人。　　陈 宽，闽县人。

锺 瑄，保昌人〔二〕。　　陈元纲，福建莆田县人。

训导

罗 英，江西人。　　冯 本，荥阳人〔三〕。

许 鸾，建德人。　　高理叔，长乐人。

喻 勉，新建人。　　陈 春，字宗仁，侯官人〔四〕。

黄 哲，字舜智，莆田人。　　朱 俊，安福人。

州学学正

甘 泽，字仁夫，湖广蕲州人。

训导

林 垍，字德坚，福建长乐人。

邹 纨，字元洁，江西临川人。

李 相，字汝海，湖广石首人。

社学，在太仓卫西。成化辛卯，提学御史戴珊督昆山县建。

义塾一所，在甘泉坊。景泰初，百户程顺建。

> 悦按：此塾已废，附载于此，庶后之好义者，顾其名而兴起焉耳。

漕溪义塾，前后一十余楹，义民刘宗文建。

〔一〕 明陆容《菽园杂记》卷九转引《水东日记》云："巡抚周文襄公初至昆山，甫登岸，盛怒，挞一人。儒学教谕朱冕叱皂隶令止。进白公曰：'请姑息怒，至衙门治之可也。'公从之。至寓府，入见后，公召冕问故，对曰：'下车之初，观瞻所系，恐因怒伤人，累盛德耳！'公谢之。未几，太仓开设卫学，公奏保冕为教授，且语二卫武职云：'吾为尔子弟得一良师，宜隆重之。'冕字士章，嘉兴人。在昆庠时，季考月试，赏罚明信，弟子多所作成。至今论师道者，必首称之。"
〔二〕《嘉靖太仓州志》卷九《古迹》作"何昌人"。
〔三〕《嘉靖太仓州志》卷九《古迹》作"荥阳人"。
〔四〕《嘉靖太仓州志》卷九《古迹》作"候官人"。

户　　口 里区附

二十九区，三百一十里，户五万一千四百九十六，口一十五万七千八十。

已上区二十，里一百五十四，户二万三千三百五十四，口七万五千六百七十，昆山所分；区七，里九十，户一万五千二百三十九，口五万八十，常熟所分；区五，里六十六，户九千九百三十，口三万一千七十三，嘉定所分。

田　　亩

官民田九千六百十七顷九十五亩九分五厘二毫。

已上五千九百五十五顷一十三亩八分一厘八毫，昆山所分；二千四百六十七顷五十亩六分，常熟所分；一千三百八十九顷八十八亩三分七厘八毫，嘉定所分。

税　　粮

正粮二十万六千二百六十八石八斗五升三合三勺。

已上一十二万七千五十四石四斗三升一合六勺，昆山所分；五万一千五十六石四斗三升七合，常熟所分；二万三千二百八十六石五斗一升二合九勺，嘉定所分。

马草六万二千五百二十四包五斤一两七钱二分八厘。

已上三万六千六百九十七包七斤六钱八厘，昆山所分；一万七千二百五十一包九斤十三两一钱二分，常熟所分；八千五百七十八包三斤四两，嘉定所分。

夏税麦二万二千二百一十四石二斗六升二合。

已上一万五千四百九十五石九合六勺，昆山所分；五千一百七十六石二斗五升二合二勺，常熟所分；一千五百四十三石二勺，嘉定所分。

丝三万六千五百一十三两五钱九分七厘五毫二丝。

已上二万一千一百七十两九钱三分六厘一毫九丝，昆山所分；一万九百八十六两六钱六分一厘三毫二丝，常熟所分；四千三百五十六两，嘉定所分。

农桑丝一百八十七两五钱九分二厘三毫六丝。

已上六十四两八钱，昆山所分；一两二钱二厘，嘉定所分；一百二十一两五钱九分三毫六丝，常熟所分。共折绢一十匹一丈五尺七寸五分九厘。

课　　程

春季课钞一千六百二十五锭三贯六百六十文：本色钞八百一十二锭四贯六百六十文；折色钞八百一十二锭四贯，每贯折钱二文，共折钱八千一百二十八文。

夏季课钞一千七百二十六锭四贯一百三十四文：本色钞八百六十八锭二贯一百三十四文；折色钞八百六十八锭，每贯折钱二文，共折钱八千六百八十四文。

秋季课钞二千六百二锭一贯四百四十文：本色钞一千三百一锭一贯四百四十文；折色钞一千三百一锭，每贯折钱二文，共折钱一万三千一十文。

冬季课钞二千七百九十五锭三贯五百六十文：本色钞一千三百九十七锭三贯五百六十文；折色钞一千三百九十七锭四贯，每贯折钱二文，共折钱一万三千九百七十文。

已上内除常熟所分课钞二千六百贯，余皆昆山所分。

赋　　役〔一〕

驿正副马头一百一十名、递运所水防夫三十九名。

漕　　运 存留附

弘治十年，兑军攒运正米七万五千一百二十六石、平米一十三万二千八百二十七石六斗六升七合八勺，其后虽增减，大率类此。

白熟粳糯平米三千九百八十九石一斗五升，每石准糙米一石三斗，共准米五千一百八十五石八斗九升五合；起运糙粮正米一十八万三千四百六十五石一斗。

白银准米一万八千八百三十四石五斗一升九合一勺。

〔一〕 明陆容《菽园杂记》卷五云："苏州自汉历唐，其赋皆轻，宋元丰间，为斛者止三十四万九千有奇。元虽互有增损，亦不相远。至我朝止增崇明一县耳，其赋加至二百六十二万五千九百三十五石。地非加辟于前，谷非倍收于昔，特以国初籍入伪吴张士诚义兵头目之田，及拨赐功臣，与夫豪强兼并没入者，悉依租科税，故官田每亩有九斗、八斗、七斗之额，吴民世受其患。洪武间，运粮不远，故耗轻易举。永乐中，建都北平，漕运转输，始倍其耗。由是民不堪命，逋负死亡者多矣。宣宗明烛是弊，诏官田减税三分。时格于国用不足之议，事遂不行。郡守况锺抗章上请，得遵优旨，共减税粮七十二万余石。又得巡抚周文襄公存恤惠养二十余年，岁丰人和，汔可小康。自后水旱相仍，无岁无之，加以运漕亏折，赔贩不訾，民复困瘁。况沿江傍湖围分时多积水，数年不耕不获，而小民破家鬻子岁偿官税者，类皆重额之田，此吴民积久之患也。"

存留正米二万六千九百七十一石六斗四升七合八勺。

太仓军储仓米一万六千五百九十石五斗四升三合二勺。

镇海军储仓米一万五十一石一斗四升四合。

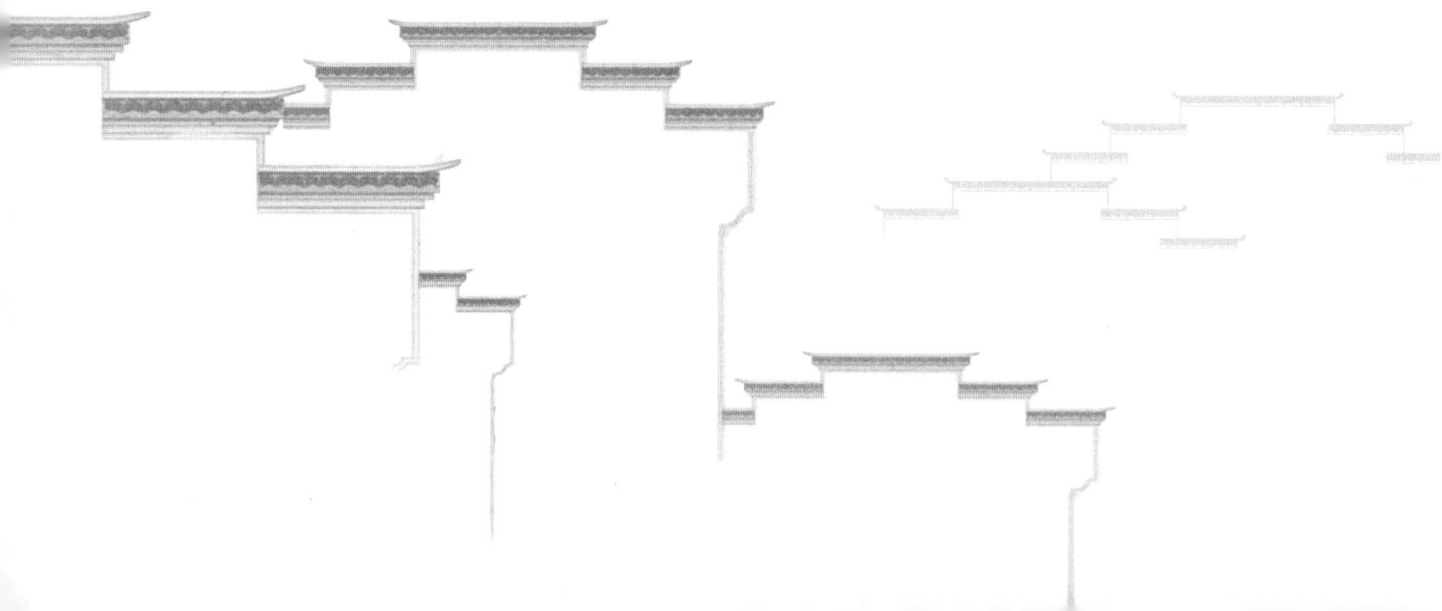

太仓州志卷之四

太仓州志卷之四

寺　观

悦按：佛骨初至，止于鸿胪寺，后诏天下立寺，寺名由此而立。其后道家所居，曰宫、曰观、曰院，亦皆窃官署之名耳。然二家之教，虽各设门户，而名号亦颇相因，佛家之三世，即道家之三清；佛家之三十六佛，即道家之三十六真人；佛家之狮子吼佛，即道家之狮子吼真人，如此之类，不一而足。然洁梵宇以供佛，高楼居以迎仙，而为吾徒者居焉、游焉，玩琳宫之松鹤，憩禅房之花木，留三宿之恋，偷半日之闲，亦方外之一乐，所以刘元城有宝界寺之淹留，朱文公亦带洞霄宫之提点也。述寺观。

凡寺观，予悉述其建造颠末。后知州李侯端以书来云："佛老之徒，予恨不能一洗而除之，姑存寺观之名，于心尚不慊然。若复载其事迹曲折，则彼之根荄，吾徒为之培植，将深不可动摇矣。"今从其言，止存其略云。

报本禅寺〔一〕，在大东门内。

海宁禅寺，在武陵桥西。

隆福教寺〔二〕，在大西门内。

淮云教寺，在卫城北二里。

普济教寺，在卫城南一里。

〔一〕《嘉靖太仓州志》卷十《寺观》云："报本禅寺，在海门第一桥北。元大德庚子，海道千户宋祐颧府买地以建。洪武十一年，僧常在移额于海宁寺之东偏。妙严庵僧谷清舍庵为寺，又移额焉。洪武乙亥僧福安、宣德改元文洁、正统辛酉师亮，各增广之。镇海卫指挥使武政、太仓卫千户过玉助建，方丈之东为退息之所。正德元年，知州翟敬移置海宁寺铜钟。七年，知州汪惇移钟楼。"

〔二〕《嘉靖太仓州志》卷十《寺观》云："隆福教寺，在大西门内常春桥北。洪武十四年，镇海卫人孙彻舍宅为寺。洪武二十一年，僧永贞鼎建大殿。宗灏弘《序》'福膺脩造'。嘉靖十六年，吏部郎中张寅因贫僧福霖将山房一所拆卖，乃易以价，建昭恩祠，祀其父赠奉政大夫文选郎中、兄乡贡进士，遂为文士讲习之所。知州万敏扁曰'崇正书院'。"

天妃宫〔一〕，在周泾桥东。

　　论曰：悦按，天之与地阴阳相配，故有天帝地祇之名〔二〕，实非有形像也。以理论之，在上皆天，在下皆地，则海亦地也，岂可别名为妃以配天哉！正如汉末张角为盗，著书眩众，一置于山以为天，一藏于土以为地，一投之海以为水，故有天、地、水府三官之名。水与山对，能颉颃天地否耶？然江海泛舟，以妃为命，呼号之际，神威胖蚃，或异香馥郁，或神灯闪烁，危樯立安，则又不知为何说也。抑妃自耀灵于滔天，总领奇相、马衔、海若〔三〕之流，为海大神无疑。妃天与天妃，恐为两亵之也。《元史》亦云漳州海神云。

广安教寺〔四〕，在州北三十里直塘市，临七浦塘。

灵宝长寿禅寺，在州东北三十五里沙头市。

圣像教寺，在州东九十里陆河市。

法轮教寺，在州北二十里双凤乡之南。

广孝教寺〔五〕，在州东北五十里。

〔一〕《苏州志》云：妃莆田人，姓林氏。宋元祐以来，庙食于闽，累著灵验。元时，每岁漕运，经涉海洋，当惊风怒涛、仓卒无措之际，樯工柁师叫号灵妃，延颈俟命。忽樯桅之颠，有绛炬栖集，则神至而无虞矣。累遣降香致祭，锡'护国庇民广济明著天妃'之号。以'灵慈'为额，始自至元二十六年，僧宗坦建于崇明西沙，后坍于海。至正三年，坦之嗣孙移建于此。十五年，毁于兵燹，七世孙道暹重建。国朝洪武年间，改封'昭孝纯正灵应孚济圣妃'，额曰'圣妃宫'。每岁总兵官海运粮储，往回致祭。永乐初，遣使诸蕃及馈运粮饷褒祭，复敕封'护国庇民妙灵昭应弘仁普济天妃'。元杨维桢诗：'海国神风捷可呼，绿林徽福苦相污。片帆尚借周郎力，护得青龙到直沽。'"又曰："灵慈宫，在周泾桥北。至元二十九年，海道万户朱旭建为天妃祝釐之所。永乐七年，三宝太监郑和下西洋，奏请敕赐天妃宫额有'宝旛谕祭，蠲其地税'。"
〔二〕明陆容《菽园杂记》卷八云："天妃之名，其来久矣。古人帝天而后地，以水为妃。然则天妃者，泛言水神也。元海漕时，莆田林氏女有灵江海中，人称为天妃。此正犹称岐伯张道陵为天师，极其尊崇之辞耳。或云：水，阴类，故凡水神皆塑妇人像，而拟以名人，如湘江以舜妃，鼓堆以尧后。盖世俗不知山水之神不可以形像求之，而谬为此也。"
〔三〕《广雅·释天》："江神谓之奇相。"王念孙《疏证》："《史记·封禅书》索隐引庾仲雍《江记》云：'奇相，帝女也，卒为江神。'"马衔为海神名。《文选·木华〈海赋〉》："海童邀路，马衔当蹊。"李善注："马衔，其状马首，一角而龙形。"《楚辞·远游》："使湘灵鼓瑟兮，令海若舞冯夷。"王逸注："海若，海神名也。"洪兴祖补注："海若，庄子所称北海若也。"
〔四〕《嘉靖太仓州志》卷十《寺观》云："元初，简大师建。相传简领二人来游，立庵于此，插竹护篱落，遂成林，名宝林寺。宋祥符元年改今额。绍兴六年，僧了悟建塔，凿地得砖，有'长安二年瞿像宝塔'字，乃知唐武后时，尝建塔于此。永乐四年，僧拱辰重建，归并寺一褒亲崇惠，院一坞丘增福，庵一忠义。"
〔五〕《嘉靖太仓州志》卷十《寺观》云："广孝讲寺，在州城东五十里。唐咸通十四年建，初名怀让。宋淳化元年，僧志琼、道清，自隆庆来，南道江浙，重建。大中祥符三年，改赐今额。元末兵毁。洪武二十三年，僧智积泊、里人陶福鼎建。相传少师姚广孝住持于此。归并庵一曰正受，中有塔，天霁则影见五里池内，土人以为奇景，号曰南池塔影。"

吕和庵，在州南十二里。

灵应道院，即南道观，在大南门内。

佑圣道院，即北道观，在大北门内。

延真道院，在州东北三十五里沙头镇。

灵真道院，在州北三十里直塘市。

延禧万寿观，在州东北三十五里沙头镇。

玉芝祠，在州北二十四里双凤乡。

祠　庙

悦按：有功于生民，如能捍大灾、救大患之类，为祠以祭之，礼也，正也。祭非鬼，为谄奉淫祠，无福。圣贤明训，炳炳后世。镇崇非祀，巨蛇为神。乾鱼称王，大骨有庙。下至薜荔之鬼，亦享血食。候禳祈祢，巫祝纷沓。正神泯寂，灵液遂歇。水旱相仍，职此之由。本州淫祠颇多，前昆山令杨子器及知州事李端相继废拆甚多，间有一二，人心攸系，不能尽革。教化所行，当有渐也。今列其当祀者于前，而非宜者于后，使人知穆愉土木之当否云。述祠庙。

城隍庙[一]，在州东南隅，即元至元辛卯左丞朱清所建东岳庙[二]。弘治间，昆山令杨子器改为今庙。

名宦庙，在府馆之西，知州李端以旧文昌道院为之。先是，镇民桥西有三官祠，前昆山县知县杨子器改祠为二卿，以祠工部尚书周文襄公、吏部尚书崔庄敏公。

悦按：文昌下能之六星名司禄[三]，《周礼》王者凡献谷数，岁一祭之。天下院之非宜，因以其院迁二卿于中，又以元副万户董抟霄、户部尚书夏忠靖公增入，恐后俎豆其间

〔一〕《宣统太仓州志》卷四《营建·坛庙》云："城隍庙，在县境樊村泾东，州县合祀。明弘治十年，昆山知县杨子器即东岳庙改建，陆容记。嘉靖九年，知州陈璜除庙基税。崇祯六年毁，九年重建。清康熙五十三年，正殿又毁。雍正九年，里人陈景鸿捐建，顾陈垿记。咸丰年寇毁，仅存正殿。同治八年，知州蒯德模修建。别有庙在小北门外三里，俗称三里庙，亦毁于寇，同治八年，里人募资重建。"按：城隍，地祇也。定制合祀于风云雷雨山川坛，设主而祭若庙，而指其人以实之。又塑为像，则人鬼事之矣。故列于私祀。

〔二〕《嘉靖太仓州志》卷九《古迹》云："东岳庙，周泾桥南，元至元辛卯，左丞朱清建，五岁始成。其子旭又创五岳楼。至正壬午，郡人朱应发增建星阁，即今城隍庙。"《嘉庆直隶太仓州志》卷四《营建上·坛庙》云："城隍庙在城东南隅，明弘治十年，即东岳寺改建。"

〔三〕文昌原是天上六星之总称，即文昌宫。一说在北斗魁前，一说在北斗之左。六星各有星名，称上将、次将、贵相、司命、司中、司禄。司禄是文昌宫第六星。

者无穷，遂改今名。

乡贤祠，在儒学戟门之右。天顺四年，署学正事训导徐璧建，祠宋元诸儒郏亶、余铨、马麐、郭翼、殷奎、陆仁、卢熊、项驾、秦约、袁华、陈潜夫、郑明德、文质、王履、沈玙、杨廉夫凡十六人。

　　悦按：徐璧建祠，在州未立之前，或有昆之乡贤杂于其中。若杨廉夫，则又流寓
之贤。原在太仓居者，则有传，见后。

旗纛庙，在太仓卫后。洪武二年，指挥朱文建。

平江伯祠，伯谥恭襄，永乐间，总督海运有惠政，军民思慕之，天妃宫住持杨存正因立祠于宫之左，肖像以祀之。其徒赵以恩嗣奉香火。

东岳行祠〔一〕，在州北五十里璜泾市之南，与茜泾岳庙相类。茜泾岳庙为昆山令杨子器毁神像，改作社学。

　　论曰：悦观《虞书》，舜之巡守，必柴望〔二〕、祭告于四岳。《周礼》有"四望之
祭皆为之兆"，四望即四岳兆坛域也。五岳立庙自拓拔氏始，当时惟总立一庙于桑干河〔三〕
之阴。逮唐，乃各庙于岳之麓。宋大中祥符九年，真宗封禅泰山，敕天下郡县皆立行祠，
东岳祠殆又出于此。盖东岳为泰山，在鲁封之内，惟天子与其国之诸侯所当祭。季氏
以上卿而旅泰山，孔子讥其神必不致享，而况村氓野妇裹香携酒、豚蹄击鲜〔四〕，或赛
或祷，果能穆愉于神否耶？呜呼！使孔子见之，必将无言，而季氏当有言矣！

关王庙，先在旧教场内，因立州，故毁。众欲改立于新教场内，当道询其可否？知州李端议云："王虽忠勇，然与吴为仇，不当庙食于吴。"遂毁之。别有庙在双凤市。

李王庙，一在北门外，去州北三里；一在直塘市。

〔一〕　明陆容《菽园杂记》卷七云："世俗相传以三月二十八日为东岳生日，然不见于纪载。许文口公彬《重
修嵩里祠记》云：'每年三月二十八日属东岳帝君诞辰。天下之人不远千数百里，各有香帛牲牢来献。'夫二
仪既分，五岳以峙，非今日生一山，明日生一山，有日月次第可记而谓之生日也，其妄诞不辨而明矣。不知
许公何所据而书之石乎？然其文集中无此篇，殆他人依托者。"
〔二〕　柴望：古代两种祭礼。柴，谓烧柴祭天。望，谓祭国中山川。亦泛指祭祀。封建帝王的封禅、告祭，
是原始部落酋长的巡狩、柴望的延续和继承。
〔三〕　桑干河：为永定河的上游，海河的重要支流，位于河北省西北部和山西省北部。相传每年桑葚成熟的
时候河水干涸，故得名。
〔四〕　击鲜：宰杀活的牲畜禽鱼，充作美食。

宅　墓

悦按：渊明故宅，唐贤咏叹之；少陵虚冢，宋人俎豆之。若此之类，不一而足。本州乡贤宅陇，所存无几。意其先后高宇、修茔，不知其数，彼皆寂寥。此则传闻，可见功德与名，少有所立。能保所有，坚于金石。比之富贵，电泡相悬〔一〕，何啻万倍也。若夫贾似道之多宝阁，秦桧之遗臭冢，使人千古之下，见辄生怒，则又求无名而不可得者也。述宅墓。

强斋先生殷奎宅，在武陵桥下，尝扁其楼曰“春水船”者，即先生读书处也。

耕学先生袁华宅，在南关木鱼桥下。强斋尝寄诗云：“木鱼桥下城南路，三十年前往复情。”

团溪乐隐，在沙头镇。有记，见后。

晋瞿硎先生墓，在直塘市重冈之原。

宋司农寺丞郏亶墓，在大北门内。

悦按：陆式斋云：“此墓旧志不载，季氏邑志始有之。容近从北门内访其所在，今木行桥西一小巷内，两旁石马各一，父老云此即郏大夫墓道，理或然也。稍北数十步，即城垣，盖已芜没矣。”又按：《杨氏志》：“郏朝散墓，在郡郭樊泾北、官路东，今夷为民居，神道路柱石尚存冢上，露石碣云‘三十朝散之墓’，据此当是升卿冢，今谓其地曰‘大夫坟’。内又有冢，在贾冈门北。”

元朱节妇茅氏墓，在大北门外。至元五年旌表。

元虞万户墓，在小北门外淮云寺前。

陆太常钺墓，御葬在大西门外一里许。

陆大参容墓，在小西门外河口。

古　迹

悦按：运移物，改兴废，必有之。弗纪，则大庭之库、文王避雨之陵，后世何由而知之者耶？凡昔有而今无者，悉为志之，或可兴吊古之一慨云。述古迹。

〔一〕 电泡：闪电和泡沫，比喻瞬息即逝的事物。唐白居易《唐江州兴果寺律大德凑公塔碣铭》：“本结菩提香火社，共嫌烦恼电泡身。”又《吹笙内人出家》诗：“雨露难忘君念重，电泡易灭妾身轻。”

宋平江府节制司酒库凡四所，太仓其一也。郡帖差人措置，径解诣郡，于县无与。

元昆山州治，今太仓卫治是也。元贞二年，计县户口，例升为州。旧治在马鞍山前，延祐元年，浙江行省参政高昉以太仓民物富庶，援滁州迁河西务例，奏迁州治镇民桥西南。至正十六年，复移旧所。二十六年，复欲迁徙，以知州偰傒斯上言而止。

水军都万户府〔一〕，至正十三年，浙江行省左丞买住丁〔二〕，以太仓仍频遭海寇，宜立万户府以镇之。时以浙东宣慰司使纳麟哈喇为正万户，浙江参政董抟霄为副万户，立镇海、靖海、定海三所以隶焉。

昆山州学，在小北门内。元延祐初，移州太仓，故儒学随治创建。至正十六年，州迁昆山，学舍廊庑俱废，止存文庙宣圣四配、十哲貌像。正统初，改造今学于镇民桥东。凡大成殿圣贤像，亦故物也。

庆元等处市舶提举司〔三〕，在武陵桥北。元至正二年，提举脱脱造，今镇海卫治是也。

悦按：袁子英云："隆福寺，延祐初在阛阓中，张氏入吴，破坏佛殿而为市舶司。"若然，则张氏未窃据之前，其地则寺。脱脱所建，不知何处？岂司原在寺侧，张又并寺而拓大之欤？不然，卫治不能宏深如是。

支分兵马司，在旧昆山州治东花园堂之右。旧为蒙古学。花园堂，盖朱氏种花之处，即今太仓卫经历司，南至前千户所是也。

抽分竹木场，元则置于长洲县浒墅，分办于太仓。国初，设官于本府阊门、葑门、太仓、平望，置场抽分竹木、柴炭、茅芦等物。据太仓城之东南，有竹场门，今已闭塞，盖即置场之处。

海运总兵公馆，在州城东半泾上。洪武七年，靖海侯吴祯建，今称其地为亭子头。

甲仗库〔四〕，在东门外。洪武七年，靖海侯建。

苏州府船场〔五〕，在小北门外。洪武五年，靖海侯建。今改置为本州厉坛。

〔一〕《嘉靖太仓州志》卷九《古迹》云："在州城内陈门桥东，元至正十二年立，后改卫学，今属州学。又有定海、靖海、宁海三千户所，亦废。"

〔二〕买住丁：蒙古人，出生地不详，生卒年不详，元至正二十年（1360）右榜状元。

〔三〕《嘉靖太仓州志》卷九《古迹》云："庆元等处市舶分司，在昔昆山州医学后，元至正二年，提举脱（脱）造，今废。"

〔四〕《嘉靖太仓州志》卷九《古迹》云："在州城东南门外，洪武七年，靖海侯吴祯建，贮海运军器等物。今废为民田。"

〔五〕《嘉靖太仓州志》卷九《古迹》云："苏州府造船场，在州北门外东偏，洪武五年，靖海侯吴祯置，后俗称为团场墓。今改为厉坛。"

苏州府太仓^(一)，在州城南张泾上。洪武二十六年创建，有天、地等字廒，凡十一座，共九百一十九间，收置海运辽东、北京等处粮。至永乐十一年，平江伯陈瑄建议里河漕运，遂废。今改故基为太海仓。

两淮都转运盐使司分司^(二)，在长春桥西。永乐二年，分司官袁永成创。今称盐仓基，其故地也。

海道接官亭^(三)，在天妃宫三门之左，扁曰"景福"。

东军储仓，在周泾桥东。洪武十九年，指挥丘礼创。

宁海驿^(四)，在大西门外吴塘桥东。正统八年，迁移昆山。

旧城隍庙，元达鲁花赤那怀建于太仓卫前。

书堂，在花园堂前西，那怀建，延师以训市民子弟。

沧江风月楼^(五)，在北巷口，即元时旧酒馆也。

安乐堂，在海宁寺西，憩养病卒。

医学，在文庙西，延祐三年立。

养济院，在州治西一里。

社坛，在州治西三百步，元州守王安贞立。

捕盗司，即县尉司也。县陞州，更今名。在废州治正厅西，后移花园堂。

惠民药局，在镇民桥南。

〔一〕《嘉靖太仓州志》卷九《古迹》云："太仓，在州城南娄江北岸，又名海运仓。洪武二十六年，创在天、地等廒，九十一座，九百一十九间，收支浙江、南直隶等处官军海运粮储。永乐初年，贮米数百万石，犹以海运之法未备。至五年，会议北京合用粮饷，虽本处岁有该征税粮及屯田子粒，并黄河一路漕运，然未能周急，必藉海运然后足用。见在海船数少，每岁装运不过五六十万石，且未设衙门专领，事不归一，莫若于苏州之太仓专设海道都转运使司，设左右运使各一员，从二品；同知二员，从三品；副使四员，从四品；经历司照磨所……不果行。十年，工部尚书宋礼始建，奏罢海运。十二年，平江伯陈瑄建议里河漕运，仓废。"

〔二〕《嘉靖太仓州志》卷九《古迹》云："在常春桥西，永乐十年，分司官袁永成建，后称盐仓基。今废为民居。"

〔三〕《嘉靖太仓州志》卷九《古迹》云："海道接官厅，在灵慈宫山门之左，扁曰'景福'。元至元二十九年，万户朱旭创，今并入天妃宫。"

〔四〕《嘉靖太仓州志》卷九《古迹》云："宁海驿，在州西城外三里。洪武十七年设，宣德六年，县丞吴仲郢移置于昆山后，即旧趾构屋为馆，以便迎送。至今俗呼为馆驿前云。"

〔五〕《嘉靖太仓州志》卷九《古迹》云："在城北巷口，相传杨铁崖、张伯雨俱饮其上。"

太仓州志卷之五

太仓州志卷之五

科 贡 援例入监、荐举附

悦按：后世士之进身，以科甲为重，乡举次之，岁贡又次之。所谓豪杰之士，由此而进者，不过借其门而出，以为行道之资耳！门何与于人耶？正如大车既饬，或实苓通[一]，或实粮帛，或抵千里，或止一舍，载非其物，行之不远，果车之罪哉？登庙堂则为良臣，仕州县则为循吏。职有大小，各能尽心所事以传不朽，庶几为进途之光。是为自旌其门，而不偾其车者也。述科贡。

乡 举

止乡举则官书其下，进士则其官另书之，别有传则皆不书。传既详，其官又书于此，是重复也。岁贡仿此。

国朝
正统九年

陈 硅

陈 琦

十二年

陈 铨 字衡夫，任湖广通山县学教谕。

温 厚 字秉中，任湖广卢溪县知县。

景泰元年

周 敬 字用简，早卒。

四年

高宗本

〔一〕 苓通：猪屎与马粪，比喻卑贱。

李　显 字文耀，早卒。

何　明 字视远，任湖广通山县学教谕。

蒋　珍 字文玉，任山东武城县学教谕。

周　泽 字汝霖，历任浙江平湖、诸暨县学训导，福建福清县学教谕。

天顺三年

夏　时

张　瓅 字用光，任直隶河间府通判。

张　泰

胡　琏 字器美，任浙江瑞安县知县。

郭　经

庞　珵

丁　轵

陆　钍

六年

夏　宾 字时敬，江西临江府推官。

沈　瓒 字廷器，任湖广辰州府学训导。

崔　诚 字敬之，早卒。

成化元年

朱　信 字诚之，任山西临晋县学教谕，升南京国子监助教。

颜　篦 字克和，任四川梁山县学教谕，改福建闽县学，升国子监助教，累升南京翰林检讨。

四年

胡　承

陈　恺

施　裕

周　安 字用仁，早卒。

七年

周　怡 字德和，任浙江严州府学训导，升湖广郴州、桂阳县学教谕。

姜　昂

叶　预

十年

王　玑 字廷略，任直隶兴济县学教谕。

张　钺 字用威，任山东郓城县学教谕。

张　敬 字直夫，任直隶蠡县学教谕，升四川重庆府学教授，升国子监博士。

十三年

俞　弼 字良臣，任直隶安州学正，升翰林院待诏。

十六年

沈　诚 字实夫，任福建南安县知县。

二十二年

陈　讷 字近仁，任高安县学教谕，升衢州府学教授。

毛　澄

弘治二年

曹　泰 字用寅，任分水县学教谕。

陈　林 字惟荣，任阜城县学教谕，改南昌县学。

以上皆出卫学

进　　士

宋

嘉祐二年 章衡榜

郏　亶

绍兴五年 汪应辰榜

郏升卿

乾道五年 郏侨榜

郏晋卿

元无考

国朝

洪武四年 金畴榜

郭　畴 字寿鹏，任工部员外郎。翼子。

傅　勔 字次泉，任会稽丞。

已上皆属昆山而居于太仓者也。宋之三郏亦然。

正统十年 _{商辂榜}

陈　琏 字器之，任刑部主事，升郎中。

十三年 _{彭时榜}

陈　锜 字鼎夫，任兵部主事，升郎中。

景泰五年 _{孙贤榜}

高宗本

天顺四年 _{王一夔榜}

郭　经 字用常，任庐陵知县，擢南京福建道御史，升湖广按察司佥事。

七年 _{彭教榜}

陆　钺

夏　时 字用寅，任兵部主事，升礼部郎中。

张　泰

成化八年 _{吴宽榜}

姜　昂 字恒颙，任直隶枣强县知县，擢南京河南道监察御史，由河南知府转宁波府，升福建布政司参政。

十一年 _{谢迁榜}

施　裕 字克宽，任湖广巴陵县知县，升太仆寺丞，转升思州府知府。

十七年 _{王华榜}

叶　预 字诚之，任河南武陟县知县，升光州知州。

二十一年 _{李旻榜}

陈　恺 字企元，任兵部由员外，升郎中。

二十三年 _{费宏榜}

胡　承 字安节，任亲王长史。

弘治二年 _{毛澄榜}

毛　澄 字宪清，状元。任翰林修撰。

马　庆 字善微，任行人司行人。

已上皆出于卫学

昆山、常熟、嘉定三邑，分地以隶本州。嘉定地狭，人材未出，今详二邑所出者于后。

乡　举

宣德十年

徐　牧

正统十二年

周　泰 字存敬，任乌程县学训导，升楚府东安王教授。为就禄养亲，改除宜兴县学训导，历蒙阴县学教谕。

景泰七年

王　永 字孝思，任蓬溪、荣县学教谕，擢湖广应城县知县。

天顺三年

陆　容

六年

冯　钺 字仲举，任贵溪县学教谕。

成化元年

王　侨

七年

王　倬

十六年

王　秩

十九年

黄　瑄

沈孟仪 字宗式，任江西乐安县知县。

二十二年

冯　琨 字均美，任浙江永康县知县。

阚　云 字时望，任江西余干县知县。

王　稷 字惠中。

弘治二年

王　悌

五年

周　在

陆　伸

八年

吕　蒙 字养正。

吴　鸾

进　士

成化二年 罗伦榜

陆　容

十一年 谢迁榜

王　侨 字德高，任江西上高县知县，历任南京工部郎中。

十四年 鲁彦榜

王　倬 字用检，任山阴、余姚、兰溪县知县，擢南道监察御史。

二十三年 费宏榜

王　秩 字循伯，先任永康知县，升兵部主事。

右昆山

乡　举

正统六年

张汝昌

景泰四年

唐　冕 字尚周，累官至彰德府教授。

陈　问 字裕之，任江西南昌县知县。

顾　仑 字希高，任大名府同知。

顾以山 由吏员办事于京，顺天府乡试中式。

天顺六年

马绍荣 字宗勉，初从恩父姓周，以善书预修英庙实录，授中书舍人。既封父，乞恩复今姓，转吏部员外，升山东参议，进太常寺少卿。

凌　杞 任乐安、彭泽二县知县。

唐　韶

成化元年

刘　竑

郁　容

桑　悦 字民怿，任江西泰和县学训导，升长沙府通判，调柳州。

成化十年

顾　岩 字希邃，由监生中式顺天府乡试，任北直隶任县知县，升河间府通判。

朱　稷

十九年

蔡　坤

二十二年

瞿　刚 援例入监，顺天府乡试中式。

弘治五年

顾守元

刘　俶 援例入监，顺天府乡试中式。

八年

蔡　祯 字邦兆。

郁　勋 字元绩。

十一年

周　坤

进　士

成化十一年 谢迁榜

唐　韶 字尚虞，任建江、兰溪县知县，升北道监察御史。

二十二年 李昊榜

郁　容 字宏德，任北京刑部主事，升员外，左迁抚州通判，升顺宁知州，转衡州府同知。

蔡　坤 字一宁，任刑部给事中，升员外，左迁安顺通判，升衡州同知。

弘治五年 钱福榜

朱　稷

六年 毛澄榜

顾守元 字明善，授中书舍人。

九年 朱希周榜

郁　勋 字元绩，任湖广华容县知县。容子。

右常熟

岁　贡

天下府州县学，科贡两途行之已久，卫学惟科而已。成化二年，阁老李贤奏准，始开贡途，以年深有学者充之，仍不食廪。

成化二年

李　厚 字彦博，任福建侯官县学训导，升麻阳县学教谕。

四年

金　镕

六年

扬　昱 字文辉。

八年

王　翼 字汝敬，任湖广公安县学训导。

十年

查　庸 字若庸，任永新县学训导，改任浙江萧山县学训导，升河南孟津县教谕。

十二年

万　清 字惟洁，任浙江温州府平阳县学训导。

十四年

朱　㯉 字楙迁，任京卫武学训导。

十六年

戴　贤 字廷用，任江西湖口县训导。

十八年

方　瑞 字元信，任山东滨州学训导。

二十年

郑　沧 字德清，任江西临川县学训导。

二十二年

孟元吉 字与贞，任江西临江府学训导。

弘治元年

林　华 字宗美。

三年

许　缨 字汝清，任彭泽县学训导。

五年

刘　恺 字舜卿，任滕县学训导。

七年

金　勉 字汝励，任瓯宁县学训导。

九年

汪　嵩 字维高，任仙居县学训导。

十年

张　暹 字用昭，任沔池县学训导。

已上皆出卫学

正统十二年

周　康 任大冶知县。

天顺三年

沈　蒙 字以正，未任卒。

成化□〔一〕年

张　澍 字时雨，任宜春潮阳县学训导。

滑　泉 字缙辉，任玉山县学训导。

右昆山

正统十一年

朱　贤 字朝用，任泉州推官。

右常熟

天顺、成化间有四十岁及纳粟输边恩例

金　祥 字宗善。

张　莅 字兰契。

金　祐 字宗秩。

俱卫学生以输边入监

〔一〕 原阙。《宣统太仓州志》卷十《选举》作“成化四年”。

顾　旒

顾　珮

俱常熟县学生输边入监

胡　㫤 字仲昭，任山东掖县知县。

常熟县学生应四十岁例入监至今职。

荐　举

顾　智 任侯府训导，升福建永福县学教谕。

徐　旦 任金山卫学，升香河县学教谕，保升新喻县知县。

右太仓

赵　亢 教读保定侯府。

右常熟

新州之立，政教一新。士之登科甲者，必先后相望。续志者将不胜其书也，予因操觚以为先驱。

乡　举

弘治十二年

顾　瑛

进　士

弘治十三年 伦文叙榜

黄　瑄

岁　贡

弘治十一年

顾　瑛 次年中举。

十二年

徐　中 任山东即墨县学训导。

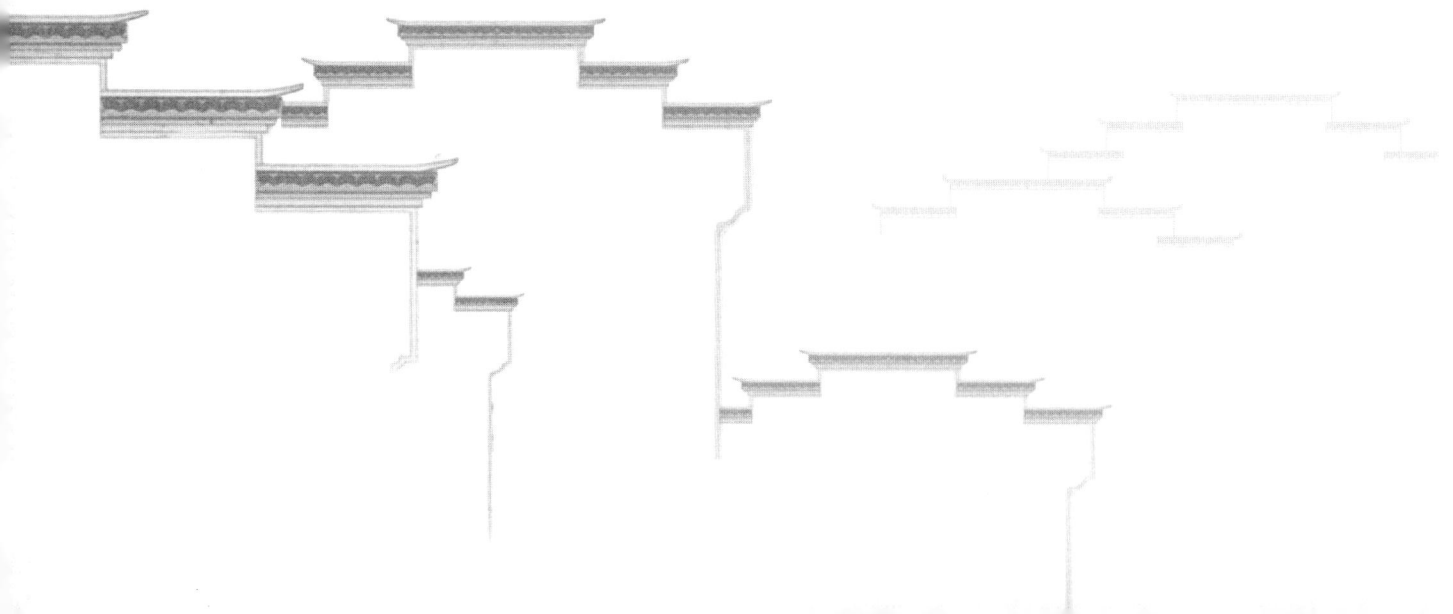

太仓州志卷之六

太仓州志卷之六

名　宦

悦按：仕于其地者，泽被一时，名流后世，甚至尸而祝之，万世如一日也。呜呼！
父高门以待封，母扫地以望葬，均吏也，善恶相去天渊耳！述名宦。

元

王安贞，字吉卿，彰德安阳人。授朝列大夫，知昆山州事。适州治初迁，公廨以
下，百无一具，于是创置，仍旧营新，且善于规画，民不知扰，始终以教养为务。秩
满，改授饶州路治中。

姜复昌，号渔所，宋死节都督才之孙也。父文龙，官嘉兴，因家焉。泰定初，以
敦武校尉为州判官，出身任事，政治[一]一新。及津助法行，酌量助役，轻重得宜，
抑强扶弱，放免小民里正一百十三名，州民称颂不已。

史文彬，朱方人。至正九年，来领州事。明年，海寇犯太仓。时官军入海剿捕连
数百艘，而文彬馈饷悉发官帑给之，无扰于民。前者，将无统纪，兵之所过，虏掠无
异逢大盗者。昆山闻兵至，莫不惊骇罢市。文彬执倡乱者一人，亟令反接于市，鞭之
垂死，即置圜土中。由是骄悍屏气，民赖以安。作孔子庙，增学官弟子员，躬劝桑田，
平简徭讼，措置百务，秩秩有成。

孔渊，字世升，孔子五十三代孙。六世祖端越，随高宗南渡，至渊之父敬[二]，

〔一〕《至正昆山郡志》卷二《名宦》作"拯治"。

〔二〕 至渊之父敬：《太仓州儒学志》卷一作"至其父之敬"，又《嘉庆直隶太仓州志》卷第十《名宦上》云：
"孔渊，字世升，孔子五十三世孙。其六世祖端越，为宋显武大夫南渡。至渊父之敬，任元通州监税。渊由通
之崇明徙家昆山。元祐元年，州治迁太仓，新作学宫，皆渊成之，遂摄学事。学行修治，为人伦宗，号莘野
老人。子克让、孙士学，能世其家。"明陆容《菽园杂记》卷七云："士学家甚贫，常州某县一富家欲求通谱，
士学力拒之。没后无子，家人不能自存，富家乃以米一船易谱去。以此观之，则圣贤之后，为小人妄冒以欺
世者多矣。"

任通州监税，徙居昆山。延祐元年，州治迁太仓，新学宫多渊经画，遂摄学事。其学行循治，为士林所宗，号莘野先生。子克让，亦有文行。

董抟霄，字孟起，真定藁城人。性耿介刚明，少以名家子入国学，选为中书省宣使。至正十三年，海寇侵扰太仓，始立水军万户府镇之。抟霄由江浙行省参政任水军副万户事。十四年二月，海寇方国珍以兰秀山贼千余艘来寇。抟霄督战舰御之，获贼数百人，枭头于刘家港及半泾。由是，贼不敢犯境。

> 悦按：抟霄，《元史》又为磁州人，累官至同知枢密院事，历载其平生战功，若复杭州、守济南，其大者也；如剿平兴化、安吉诸贼之类，不一而足；于守太仓之功，则无之。要之，抟霄之功非一地，史有罣漏，不能尽书之也。

国朝

吴桢凤，定远人，封靖远侯。洪武初，开府太仓，总督海运定、辽等卫粮储。读书好士。凡公馆船场及甲仗库等衙门在太仓者，皆其建置。

陈瑄，字彦纯，合肥人。永乐初，封平江伯。尝总督海漕于太仓。喜览载籍，穆贤惠下，甚得人心。后建议里河漕运去而开府于淮。

武政，字维德，镇海卫指挥使。有守有为，读书好士，诗律精严。天顺间，巡抚都御史刘公孜奏保兼督太仓卫事，两卫军卒无不形心。将老，即告闲。所居叠石为山，引水为池，亭宇清幽，拉客徜徉其中。与陆式斋、吴静逸、张亨父辈俱曾有唱和之什，寿八十二而终。

仕　宦

> 悦按：孔子之分四科，非颜子无文学、子贡无德行也，特就其所长者名之耳！
>
> 州之闻人，今列于仕宦、列于儒林者亦然，特儒林之列者，则不计贵贱也。

宋

郏亶，字正夫，昆山太仓农家子。自幼知读书，识度不凡。嘉祐二年进士，初授睦州团练推官，知杭州於潜县，未赴。熙宁二年，会诏天下陈理财省费、兴利除害之策，自广东安抚司机宜文字为书，陈苏州水利。丞相王安石善之。五年，授司农寺丞，提举兴修两浙水利，民不为便，遂罢归。治所居之西水田曰水瀼者如所陈之说，为圩岸、沟浍、场浦，俱用井田之制，岁入甚厚，图状以献，且以前法非苟然者。复为司农寺簿，迁丞。预修本寺制式，颇号完密。除江东转运判官。元祐初，入为大府丞，出知温州。以比部郎中召，未至。卒年六十六。有《吴门水利书》四卷行于世。亶子侨。

郏侨，字子高，一字乔年。负才挺特，亦为王安石所器。时乡里推重，谓之郏长官。晚年，自号凝和子。有《幼成警悟集》。亶孙名升卿，字师古，绍兴进士，知常、徽二州。乾道六年，自徽代还，奏蠲本州额外创科杂钱一万二千二百八十余缗及原认江东两浙运司诸处绢一万六千六百余匹，其勤恤民隐类此。

元

朱日新，号中斋，本杨氏子。幼育于左丞朱清家，因冒其姓。历任海道千户、宣武将军、婺州路总管。居官廉敏，赋役平公，数平反冤狱。岁歉，出己粟以赈饥民，皆恩之，为刻石颂德。迁江州路总管，亦以清闻。

徐兴祖，号敬斋，尝从张弘范平崖山、范文虎征日本，俱有功。由崇明徙居太仓，后以海漕累官至运粮副万户，追封东海郡侯，谥宣惠。

刘必显，号玉溪，世居崇明。至元乙亥，从哈喇歹元帅收温、台、福建，授武略将军。后从张弘范征崖山，辛巳从李元帅征日本。后从事馈饷，迁居太仓，累官至信武将军、海漕副万户。

柏良辅，号南山，世居崇明之西沙，赘玉溪刘万户家，因居太仓。良辅为人警敏，有筹略，惬妇翁心，举赢周匮，阴德及人者众。官海漕，授保义副尉佩银符、运粮百户。后换金符，为千夫长。岁押纲运之燕，累受赏赍，里巷之士荣之。年四十卒，人惜其用未究。

黄成，字君美，崇明人，徙居太仓。母朱氏，即左丞清之妹也。为人刚毅有为，谙练海道。至元辛巳，左丞范文虎征日本迤南，辟置麾下，多委力焉。戊子，漕府奏授保义宣慰、运粮副千户，佩银符。辛卯，迁忠显校尉，升千户，换金符。大德癸卯，丁母忧，即朱氏。至大辛亥卒。

朱明达，字显之，世居崇明。□□〔一〕壬辰，迁居太仓，官海漕至承信校尉、运粮正千户。中年引疾，终于家。二子：文德，号菊岩，承务郎、太尉府长史，丁父艰，

〔一〕原阙二字。《至正昆山郡志》卷三《人物二》也有《朱明达传》，此处有"乙亥归附王招讨，帅师入闽，多所全活。丙戌，从征交趾，独其舟无遗失，全军而返"一段文字。

遂不仕，扁其西斋曰"可闲"；士英，号松岩，将仕郎，同知济宁府事，亦中年引退。于是，父子兄弟俱辞禄以终，人以是高之。同时从事海漕者又有杨茂春，字子东，累官至武略将军、松江嘉定所副千户；范文富，字润甫，以寻探海脉有功，升运粮副千户。

悦按：陆式斋云：《季氏志》载元时官海漕者，惟朱日新一人而已，朱清、徐兴祖以下六人，则杨氏所载而蒋氏踵之也。日新为朱清假子而独见录，意者精择其人欤？然太仓始以海滨僻壤，遂成万家之邑，是虽气数使然，亦由海漕诸公为之创始也，备而载之，何伤于繁？又观陈延龄所志人物，此外又有宣慰使、领海道都漕运万户朱济，都水监使朱虎，海道正万户、佩三珠金虎符黄真，海道副万户虞乐闲、刘乐山，通政院判朱完者，丞相府长史朱元长，集贤学士施文质，一作宗庆。翰林院检阅宋文彬，而朱日新独无之，此又不知其孰为得失也，附录以俟知者。

余铨，字士平，江西丰城人，后居太仓。性敏，学识该博，工于诗文。至正间为儒学提举。

顾信，字善夫，其先淮安滁阳人，后由崇明徙居太仓。敦尚儒雅，工字书。任浙江军器局提举。从吴兴赵文敏公游，得其书，必镌于石。尝构亭曰"墨妙"。

国朝

卢昭，字伯融，闽人，居太仓。父均华，善于教子，乡党式之。昭从明师习举子业，既而淹贯经史，工于诗文，缙绅推重。洪武初，起为扬州教授。

殷箕，字孝扬，笃学好礼，与兄奎齐名。洪武中，官至广西太平府推官，以廉谨称。

史谨，字公谨，世居太仓。博学好古，工诗画。洪武末，翰林学士王景荐其才，授应天府推官，左迁湘阴县丞。罢官，侨居金陵，号吴门野樵。所著有《醉亭诗集》。

卢熙，字公暨，太仓人。以文学称。洪武中，为睢州同知。政多遗爱，及卒，吏民哭送者盈途。值雨，不少却，村氓私服一月。子彭祖，以才荐为武康丞，寻擢礼部主事。孙瑛，进士。

陈潜夫，字振祖，本钱塘人，徙居太仓。性端方，善启迪，声誉甲士林。洪武六年，为邑庠训导，后升国子学正。平生著述甚多，散逸无传。

项驾，字叔驭，太仓人。博涉经史，精于《春秋》，尤工诗文。初举秀才，擢礼部郎中，调广东某处，政尚廉平。后谪濠梁，卒。

张恕，字以行，别号伴云叟，常熟之璜溪人。优于文学，赋诗有西昆格。洪武初，以怀才抱德征，入见，上试以"春山新水"诗，立就。其辞曰："暖碧立嵯峨，晴岚拥翠螺。众峰环柱石，四海接恩波。高出云霄上，深涵雨露多。千秋与万古，不改旧山河。"称旨，赐彩衣一袭。次日，除北平卢龙县知县。甫及一考，以老疾辞归。有《酸醨稿》行世。

傅鼒，字次泉，太仓人。父翼，闲[一]吏事。及鼒去吏而为儒，能成父志。性孝友，颖悟过人。早从卢观游，闻性理之学。观爱其勤，以女妻之。洪武四年金铸榜进士，为会稽丞。

陈仲，字延龄，博古工文词。洪武间，膺秀才举，为富阳丞，自号怡云老人。所著有《怡云集》《太仓事迹》藏于家。

徐牧，字养正。其先台之黄岩人，曾祖伯兴仕元为昆山州学正，遂居太仓。牧乡举，初任青田县学训导，擢嘉善县学教谕，三典河南、福建等处文衡，取士多得人。后擢珉府纪善，升长史致仕。行止有法，士林推重。所著有《云庄遗稿》藏于家。

陆昺，字孟昭，号薇庵，本常熟人，自祖以来居太仓。生而器宇卓越，十岁游乡校，即有能诗对称。稍长，博极群书，由进士历官刑部主事、员外郎中，决狱明恕并行，尝录畿内州邑囚，白骨再肉者九人。及掌三法司事，大司寇陆公，事凭裁决，我已吾之疑[二]。成化壬辰，升参阅藩政，奉敕巡视海道，督兵饷，至则镵奸剔蠹，抚良周窘，筑堤修城，练卒饬械无宁时。时海盗窃发，尝乘巨舰下沧溟，铠帜如云，笳鼓声竞，大铳撼空，奇相辟易。获渠魁林寿六等二十余人，即斩于水，血溇溇滴赤波面，鲸鲵远遁，一道肃清。未几，解组，乃作"赐闲堂"于锦云溪上，日与亲故觞咏其中，洒然若无意于世事者。卒仅年六十。昺胸次开豁夷旷，块山杯湖之量，传播远迩。宦京师时，所居有"清风馆"，坐客常满，大臣贵戚往来络绎，嘉肴盛馔咄嗟而办，优伶鼓舞荐欢侑酒，日习为常。囊诎举赢，忧人之忧，赴人之急，枢尸家旅，不可胜计。非位跻台鼎，不满其功名之念；非日挥千金，不满其周匮之心；非广厦万间，不满其待士之意。而事之所值，鲜与志偕，人用惜之。为诗文，矢口成章，而清新融畅，化腐为奇，虽专门名家者，有所不及。所著有《萤窗》《秋台》《闽泉》诸稿藏于家。

张汝昌，字仲光，常熟人。由举人为大名府同知，考满，例升知府，待选铨曹，卒。为人慎密宽和，能诗，善宋克章草。人有尤之者，惟求之己，因号求己生，作歌以自况。居官廉名载道，子孙衣食不给。

〔一〕《光绪昆新两县续修合志》卷三十《文苑一》作"娴"。
〔二〕 此处语句不辞，原稿已有"疑"字作注。

顾以山，字安道，常熟塘桥人。由吏员入京办事，中顺天府乡试第六名。既而登进士第，为南道监察御史，升河南佥事，转副使，擢陕西参政，所至以清能称。以山为吏时，立志不群，惟刻苦力学，自致通显。为御史，甚有风裁。掌印都御史高公明期其大用，及为佥事，作诗赠之曰"昭君重色轻延寿，吉甫因谗废伯奇"，盖有所指云。

庞珵，字明仪，号遗安子，世居太仓。由举人知沔阳州，甚有惠政。及除，属县景陵〔一〕大壬，缠民之思〔二〕。擢北京宗人府经历，卒于官。

丁𫐐，字用行，世居太仓。由举人为山东武定州学正，升南京国子监助教，擢监丞。𫐐有文行，为监丞时，惩诱有方，六馆诸生无不形心。

刘竑，字以规，别号毅庵，常熟之穿山人。为人无浮华声利之习，惟刻意于学，昼夜不倦。由举人除浙江之处州缙云县令，廉正有为，屡朝觐考最，为浙江知县第一。铨曹欲留擢风宪，以年跻知命，升定州知州，治声益著。既没，部民思之不置，言及辄曰"好刘父母"云，缙云为立去思碑。

朱稷〔三〕，字相之，号南浦，常熟之涂松人。为人精爽有才干，善吟咏，尤精举子业。一时从游之士甚多，凡经指授者，类有成就，间有竟取科甲者。由进士为工部主事，抽分芜湖厂。至任，劳心剔蠹，以勤致疾，卒于官，年四十有五。

儒　　林

悦按．二皇儒明皇，五帝儒明帝，三王儒而王，鲁国之儒　人，曰孔子而已，是岂后世之所能及哉！今之所谓儒者，或著述有功，或言知乎道，庶几乎宋濂所解七儒之一者，亦可谓之儒也。述儒林。

元

余日强，字伯庄，其先福之古田人。父与可，号蓝溪先生，为武夷书院山长，来居太仓。日强笃志于学，淹贯经史，奉母以孝闻，号渊默叟。所著有《尚书补注》若

〔一〕景陵：古县名，今湖北省天门市。古为风国地，春秋为郧国地，战国为楚竟陵邑，秦置竟陵县。后晋天福元年(936)，为避石敬瑭名讳（"敬"与"竟"同音），遂改竟陵县为景陵县。天福五年，直隶防御州治所设景陵县。后汉复名竟陵县。北宋建隆三年(962)，为避赵匡胤祖父赵敬之讳，再改竟陵县为景陵县。清雍正四年(1726)避康熙陵寝讳，改景陵县为天门县，因县西北有天门山，故名。
〔二〕《嘉庆直隶太仓州志》卷三十《人物·治行》作："属县竟陵大憝，去后民犹思之。"《咸丰壬癸志稿》《宣统太仓州志》同。
〔三〕《嘉庆直隶太仓州志》卷二十六《人物·列传》："朱稷，字相之，居涂松，有才干，子弟多从学举子业。弘治三年中进士，为工部主事，摧芜湖税，以勤致疾，年四十有五卒于官，有司经纪成殓，人传其清德。"

干卷,《文集》若干卷。

卢观,字彦达。其先龙兴武宁人,五世祖始来平江,徙居太仓。性颖敏,学该博,见道分明,勇于为义。及卒,门人私谥曰夷孝先生。所著有《易集图》《诗集说草》《翠轩文集》《乐府遗声集》。子熊。

杨遹〔一〕,字履祥,号东溪,由浦城徙居太仓。博学有才行,专工著述。有《宋朝蓍龟录》《帝王图辨》《素王道史》《姓氏通辨》若干卷,《昆山志》若干卷,杨维桢为之序。

国朝

卢熊〔二〕,字公武。父观,有学行,精于六书,为时名儒。洪武八年,以秀才举,除工部照磨,以能书授工部舍人,转知兖州。政多遗爱。所著有《说文字原章句》《幽忧集》《清溪集》《鹿城隐居集》《蓬蜗录》,又《苏州志》五十卷、《兖州志》若干卷。

殷奎,字孝伯。其先华亭人,自祖迁太仓。少从杨维桢游,深为器许。事亲有孝行,博学,精《春秋》。洪武初,为邑庠训导,升咸阳教谕。以母老弗克就养,抑郁成疾而卒。卢熊谓其"处家为孝子,饬身为名士,典教为良师"。所著文曰《强斋集》。

沈玙,字孟温,号昆冈。其先大梁人,随宋南渡,占籍太仓。元时,有仕至水军万户副者。玙操履诚笃,学问纯正。洪武中,随父成云南。正统初,始归太仓,乡人延之以教子弟。时玙年六十,目已丧明,终日端坐,背诵五经四书,章分句析,亹亹不倦。微词奥旨,多所发明。太仓经学之传,自玙始。出其门者,如陆大参景、高宪副宗本等,多为显宦。所著有《稽言录》《昆冈文稿》若干卷。

陆钘〔一〕,字鼎仪,号静逸。父晟,育于吴氏,随其姓。后复今姓。天顺癸未,

〔一〕《万历昆山县志》卷七《人物五·游寓》云:"杨遹,字履祥,本浦城人,徙居于娄。与秦玉、袁华为友,博学有才行,不慕声华,专工著述。有《宋蓍龟录》《帝王图辨》《素王道史》《姓字通辨》诸书,晚作《昆山州志》,杨铁崖为之序。"

〔二〕《万历昆山县志》卷六《人物一·仕宦》云:"卢熊,字公武。其先武宁人,宋季徙家于吴,再徙昆山。父观,读书有至行。熊元季为吴县教谕。洪武初,以故官迫遣赴京。母卒,竟归。复起为工部照磨,寻以善书擢中书舍人,迁兖州知州。为政务恺悌,不求赫赫名。州初罹兵革,人情涸弊。适大帅李善长营鲁王府,浚兖州河。熊抚绥供亿,事集而人不扰。俄以簿录刑人家属事,坐累死。录其家,箧中惟余麻枲,上深悔之。先是,熊尝上疏言州印篆文讹舛旨,至是竟得罪。熊少尝从杨维桢,博学攻文词,尤精六书,为时名儒。所著有《说文字原章句》《鹿城隐居集》《幽忧集》《清溪集》《蓬蜗集》,又《苏州志》五十卷、《兖州志》若干卷。《孔颜氏世系谱》云:'子彭祖,字长婴。洪武末,任武康县丞。永乐初,荐授礼部主事。坐事谪阜城为民。寻征诣行在冠带听用。以疾卒。彭祖幼承家学,不事藻丽,而求以适用。为政亦有父风。彭祖孙瑛。'"

会试第一。甲申，宪宗皇帝即位，廷试第二，授翰林院编修。丁亥，与修《英庙实录》成，赐白金、文绮，进修撰。今上皇帝为太子时，就学文华殿。宪宗妙选翰林春坊官各四员轮值，钺与选，每进讲，敷纳详恳，礼度庄饬，称上旨，称善者再。壬寅，以九年修撰升右春坊右谕德。丁未秋，今上嗣位，覃恩宫僚，进太常寺少卿兼翰林院侍读。明年春，上将开经筵，凡百执事，例先有白金、文绮、楮币之赏，钺膺疾不能造朝，遂即其家赏之。久之，上疏乞归治疾，诏给驿传，且谕令疾愈即还职。弘治己酉二月卒，讣闻，照三品例赐祭葬，盖特恩也。钺为人冲澹沈默而聪明内蕴，思致不凡，国有大故，忧形于色，潜弼为多。屡同考礼部会试，索之酸盐牝牡之外，号称得人。所著有《春雨堂稿》《春秋钞略》若干卷，未梓行。

张泰，字亨父，号沧州。其先湖州人，本姚姓，其祖寄姓张氏，单居太仓，因循未改。泰性敏甚，读书过目即成诵。天顺甲申进士，为翰林院庶吉士。刘文安公深加器重，有付斯文之托。成化辛卯，授翰林院检讨。己未，同考礼部会试。庚子，升修撰。素有痞疾，未几，呕血数升而卒，年方四十有五。泰为人胸次坦夷，不设城府，虽职近侍，常有山林独往之思。遇知己，饮酒数杯，清欢流畅，怀若无萦。为诗文，若不加意，而机杼圆活，人莫能及。有《沧洲集》十卷梓行于世。成化间，作《天上何所有》古诗一章，其言曰："天上何所有，河汉日月星。三光所余地，辰色正苍青。昼碧夜则玄，洞视杳冥冥。回合镇左旋，阒寥辞嗅听。众彼雨雪霰，云霞暨风霆。虹霓雾霜露，都由地气征。此实去天远，因高若天成。昊天超无为，宰化非有形。宫殿与楼阁，佛鬼及仙灵。界分三十三，并诸四八名。何文纪实状，谁则见经营。茫茫何处著，有当亦西倾。邹衍与刘安，造言服上刑。髡虏黄冠竖，纷起盗遗声。浩荡欺世主，诬天贼良氓。不各安四民，利与巫觋争。铙鼓间笙磬，淫亵过优伶。唱召等儿戏，谁何降宫庭。祸福终相倚，祷禳妖益生。愿言圣有作，删绝正天经。"深有忧君爱国之意，读者悯其忠云。

陆容，字文量，别号式斋，昆山人，世居太仓。由进士任南京吏部验封司主事。丧父，服阕，改留北京兵部职方司，升武库员外郎，寻升职方郎中。职方掌天下镇戍

〔一〕《嘉庆直隶太仓州志》卷二十六《人物·列传》："陆钺，字鼎仪。天顺七年，会试第一，廷试第二，授翰林编修，预修《英宗实录》。书成，迁修撰。孝宗在东宫，钺侍讲读，进退闲雅，敷奏明鬯，最为得体。及即位，进太常少卿兼翰林侍读，充经筵日讲官。将进讲，以病乞归，卒于家。诏赐葬祭，官其子。钺清洁有志操，寡交与，学问淹雅，每国家有故，忧刑于色。病亟，以东宫旧人，犹具遗草言事，不及上，中外惜之。子爱，字子引，弘治十二年以荫授中书科中书。书法端劲。尝奉诏使江南，册封襄王府，馈赠一无所受。正德三年，以忤刘瑾归。瑾诛，李东阳荐复旧职，擢礼部仪制主事，逾年病卒。"

烽堠，容筹画疏草，动中肯綮，尚书赖焉。西胡撒马儿罕进狮子至嘉峪关，要大臣以兵迎，容奏抗之。锦衣百户韦瑛捕平民十数，械至京师告变，容白尚书，秉烛上章，请诏法司推究，瑛坐诬诛。凡锦衣卫捕妖言，官多骤迁，容请于尚书论罢其袭封。自是，频年无捕妖言者。屡上封事，皆切国家利害，有謇謇风。擢浙参政，留心政事，清节愈励，竟以谗罢。容为人律己甚严，动必由礼，不苟言笑。为文务理胜辞，诗章亦刊落葩藻。所著有《式斋稿》《浙藩稿》《封事》若干卷，《菽园杂记》《式斋迩察》等集，将次第梓行于世。

论曰：悦游词林诸公间，最协鼎仪之文，以其能摧去旧见，以来新意，耦于昌黎陈言是去者。识者或病其言，必欲异人细考其文，亦果有"风日、镫火、疾雷不及掩聪"之句否耶？朱文公云：《离骚》只是平顺。又叙《律吕新书》云：季通之为此书，理明辞鬯，初非难读，今二书具在，老师宿儒，尚不能了其旨趣，始知今之所谓平顺者，乃古之所谓萎靡也。以鼎仪之究意立言，少假以年，澬乎无声，肆乎永归，古人之堂奥不优入哉！亨父之文，清俊丽逸，脍炙人口，而尤长于诗。每遇腐景，化为新奇，似乎枯枝无丑叶、涸水吐清颜者。文量文有考据，典缛适宜，则如温饱之家，田园第宅、衣服器用皆不出于人而自足。二公之于鼎仪，同朝数年，诚可谓无愧追逐上下而参翱翔者也，而况三公篇章之富，宁无老泉所谓一言几道者乎？

太仓州志卷之七

太仓州志卷之七

隐　　逸

　　悦观唐虞之世，比屋可封，言皆可用也。君子学以致用为本。三代之时，野无遗贤。
逮于周末，冠履倒置。孔子生于其时，日与门弟子讲习修己治人之道，云某可为邦，
某可为宰，某可为小相，彼亦审己审力，任之不疑。为今之士，隐于庠序之间，自言
他日为某官、行某事，则识者哂之，何也？孔门之言官，忘情富贵者，上也。今士之
言官，志于富贵者，下也。若夫隐逸之士，栖迟林壑，浮云世事，则有若避功名富贵
之嫌者，焉有不在二者之中者耶？即文明之世，大小底用，则无下贤矣！若曰尧舜御
极，下有巢、由，巢则深藏，许由者，许其自由，乃庄周之寓言，而司马迁传以实之耳，
理不可信者也。述隐逸。

晋

　　瞿硎先生，《庆元志》[一]云：在直塘市，市有寺曰广安，一日浚塘得古冢，砖刻称：
瞿硎先生，字鹊子，广川人，流寓于此，隐居不仕，葬于武丘重冈之原。武丘乃广安
寺旧额，重冈至今有之。《晋书·隐逸传》：瞿硎先生者，不知姓名，亦不知何许人也。
太和末，尝居宣城郡界文脊山中，山有瞿硎，因以为名焉。大司马桓温尝造之。既至，
见先生披鹿裘坐于石室，神无忤色。温及僚佐数十人皆莫测之，乃命伏滔为之铭赞，
竟卒于山中。此正犹孙叔敖，史失其名，得其碑乃知名饶，叔敖之名由是著。瞿硎亦
类此。

　　论曰：悦观桓温，晋贼耳，而能屈己下士，如能客孟嘉、见瞿硎等事，不一而足。
下至宇文泰、高欢等，无不穆士以招携贰[二]，卒能陆飞海水，几于改物，谓非能婚人
所弃而假形摄影者耶？世有尸位将相、客气荡胸、目中无士者，又不为温辈之罪人哉！

─────────────────

〔一〕　即宋孙应时纂修《琴川志》。
〔二〕　携贰：指怀有离心的人。

然《庆元》所志瞿硎，与《晋史》不同，要之，史失其实，可以砖刻之言补其缺而正其讹也。

宋

胡峄，字仲连，常熟之涂松人。恬于势利，动止有礼，隐居林下，与方子通、林德祖放浪泉石间。建炎登极，特命以官，一至铨曹，授迪功郎、安远尉，而终不仕。曰："吾老矣！姑承朝廷之恩，竟可也。"其父稷言，尝作五柳堂。峄取杜子美"宅舍如荒村"之语，扁其堂曰如村，因号如村老人。绍兴十四年卒。有诗集行世。

元

俞君登，字泰卿，福州之长乐人。早孤，母黄氏亲授以书。宋亡，累征不起。晚年居太仓，自号知止翁。延祐中卒，门人私谥曰贞节先生。子焯，字元明，登泰定丁卯进士，赠君登从仕郎、昆山州判官。

顾德，号可轩，由崇明徙居太仓北郭。课耕节用，生计颇丰。事亲极甘旨，读书不乐仕进。延祐初，州选太仓，庙学未建，德献椒园地八亩成之，其好义类此。及卒，赵文敏公为铭其墓。子信，别见《仕宦》。

张师贤，字希颜，居太仓。世业儒，好古博雅，善谈论，爱作乐府。凡斯文至太仓者，师贤无不识之。娄东好事以诗文会者，非师贤与，则若八音之缺金石焉。所居室扁曰芝兰。

马麐，字公振，世居太仓。其祖历邱，始迁松门之南锺巷。筑室凿池，有田园花木之趣，左经右史。遇佳客往来，则觞咏不辍，与世泊如也。铁崖杨先生深器重之，称为忘年友。所著有《醉渔集》若干卷。

瞿信，字实夫。其先嘉定人。父晟，始居太仓。幼嗜学，平居无疾言遽色，手不释卷，巾帽非就寝不去。兄智，字睿夫，为人风流儒雅，师表一时。历仕郡县校官，屡辞藩府，皆有美誉。信因兄宦游四方，事父母曲尽孝诚。兄卒，抚其遗孤，不异己出。南台御史李烈举孝廉，不果。卒，与兄齐名，人称曰二瞿先生云。

瞿孝祯，字逢祥，号月蕉先生。裔出晋瞿硎先生后，始自昆阳徙居南沙之团溪，遂家焉。隐居，不乐仕进，天性夷旷，不染势利。笃于孝友，恒以古人自期。常杜门，博极群书奥义，善吟咏，每得佳句，辄抚琴一曲，笑歌水涯，夷犹于鱼鸟间。课生徒数十人，惟事稼穑以自食。所著有《月蕉稿》，惜不传于世。溪之上辟园，结屋数十楹，杂植梧竹花卉，畜养鱼鹤，往来交游，若会稽杨维桢、娄东野航姚文奂、句曲外史张伯雨、昆之顾瑛辈无不与焉。园名乐隐，有铁崖先生为之记。

郭翼，字羲仲，太仓人。少从卫培学，笃学工诗，尤邃于《易》。性介寡谐俗，竟以训导老于学校，自号东郭生，晚号野翁，杨铁崖为之传。所著诗曰《林外野言》。子畴。

吕诚，字敬夫，世为娄东巨族。性慎密好学，淹贯经史，尤长于诗。于世虑澹然无所预。所居有园林之胜，尝畜一鹤，野至一鹤侣之。筑亭，扁曰来鹤。邑令屡聘为师，不就。卒于乡。

国朝

王履，字安道，太仓人。笃志经学，博极群书，隐居教授，为后进楷式。善诗画，尝游华山，每景作图，共四十余图，又总作记十余篇。画兼马夏，诗驾陶韦，文希韩柳，字入欧虞堂室，夺天全巧，为世宝玩。尤精于医，尝从金华儒医朱彦修游，得其心传。所著有《伤寒三百九十七法辨》、《百疾钩元》二十卷、《医韵统》一百卷传世。子伯承，永乐中亦以医名二京。

> 论曰：悦观古今善于史笔者，书其人，必视其所重，而亦不没其所长。如《汉书》载刘昆反风灭火、虎北渡河〔一〕之事甚备，而置之《儒林传》；《晋史》载郭景纯活马投妖之事极怪，而置之《列传》；《宋史》载文天祥死节之事甚伟，而列之《名臣传》。盖以昆之以《易》名家，不止于循吏；景纯之文辞藻丽，不止方术；而天祥之文章学行，不止于死节也。微显阐幽之意至矣！正类王安道以儒者立身而精医，乃其末节，果可徒以医士目之耶？故置之《隐逸传》，庶几不以一艺掩其所长也。例举于此，其他可以类推矣。

金履，字士行，别号芸窗。其先浙人，元世有为平江路提举者，死葬洞庭山，子孙家焉。元季避乱，又迁居太仓，累世业儒。父彦枢，尤善古今乐府，有声于时。履游庠序，攻苦力学。及父母殁，遂陈乞以归，闭门授徒，学者踵至。履虽家裕而学充，能以俭处丰亨〔一〕，默筹办议。陆式斋谓其"用足而恒克俭之心，识博而安欲讷之训"，人以此贤之。

吾父姓桑名琳，字廷贡，号鹤溪道人。平生动循规矩，以古人自期待。善诗文、字画，

〔一〕 语出《后汉书·儒林传上·刘昆》："诏问昆曰：'前在江陵，反风灭火；后守弘农，虎北度河，行何德政而致是事？'昆对曰：'偶然耳。'左右皆笑其质讷。"后用于比喻施行德政。

得锺、王三昧。不入官府，自有膝以来，未尝一屈。既卒，常熟县知县杨子器祭之以文，其略曰：呜呼！先生诚世之遗，精明疏迥，和粹平夷。又云：濯缨于溪，载味其甘，亦用洗耳，焉用是耽。又云：句律冲深，上涉先晋。伸情寓物，婉切纤尽。先生于诗惟逸乃成，名者在此，将大传行，可谓得实矣。不肖孤又何敢赘一词于其间哉！所著有《团瓢集》《鹤溪集》，共四十余卷，未梓行。《常熟县志》列于《文学传》。

悦闻先儒云：君子于亲之善襃之过情，是谓诬其亲；隐之不扬，是谓蔽其亲，均为不孝。悦修州志，于先君实行，难为措辞，以县令杨名父祭文善于描画，故特载之，庶几不诬、不蔽云耳！卒之公论，在于人心，非人子所得而私也。

艺　文

悦按：《传》曰："言之无文，行之不远。"古人登高，贵乎能赋，而况破书万卷，下笔如神，天不能高，海不能深，鬼神不能秘藏，虚空使之呈色，古今责其同案，描人成画，随物赋形，实能增辉万象，益耀三灵，又岂可少之耶？虽其人或不矜细行，不拘小节，兹特取其言之不可废耳！若曰"夫子之文章，游、夏之文学"，则又不止于文词也。述艺文。

元

陆仁，字良贵，太仓人。博学好古，工于诗文，扁所居之室曰"乾乾"。

袁华〔二〕，字子英，太仓人。读书二三过目，辄记不忘。考察百氏，绅绎经史，号为该博。善诗章、乐府，为杨铁崖推重，号耕学子。所著有《可传集》。

顾权，字伯衡，世居婺之兰溪。其父达卿始入吴，因居太仓。自幼敏而好学，及壮，博极群书，尤究心于《易》。中岁，刻意为文，有古作者榘度。不事矜式，饮酒哦诗，颓然自放。与人交际，久而愈恭。年未五十卒，无子，门人私谥曰靖夷先生。

国朝

文质，字学古，本温州人，徙居太仓之北门。为人奇放，喜工诗。

〔一〕　语出《周易·丰卦》："丰亨，王假之。"孔颖达疏："财多德大，故谓之为丰；德大则无所不容，财多则无所不济，无所拥碍，谓之为亨，故曰丰亨。"后即用以表示富厚顺达。

〔二〕　明陆容《菽园杂记》卷十三云："袁华，字子瑛，吴郡昆山人。博学有奇才，自幼以诗名播绅间。如'三峰月寒木客啸，丹阳湖深姑恶飞'，皆脍炙语也。又如'银杏树阴不受暑，蔷薇花开犹蚤春'，可称才子矣。"

许谌，字元孚，其先鸾江人，随宋南渡，因家太仓。少从王安道学，博通儒书，亦精于医，自号娄愚。所著有《野情集》。

盛彧，字季文，家沙溪。在胜国时，丰于财，我朝更化，以赋税累，环堵萧然。洪武八年，徙娄东，归吴冈，日与杨维桢、郑东明、李还、张逊、秦约、盛景年、文质、陈善、陆仁、陆琬、岳桂、周暹、赵铨、张恕、仲天爵、虞模唱和于艰难屯蹇之际。读其诗，可知其人。诗集传世凡若干卷。

悦按：季文所与唱和之士，其李还、张逊、仲天爵等十余人，不知何处人，必太仓之人为多，因记其姓名于此，庶几不没其善。或有识者知其出处，而增传之可也。

偶桓，字武孟，昆山之茜泾人。《昆山志》以为陶原泾者，非是。落魄不羁，放情诗酒。所著有《江雨轩集》《醉吟录》《凤台吟啸集》。洪武二十四年，应秀才举为广西河泊。升荆门州吏目。罢归，膺上寿卒。

高宗本，字茂卿，由进士为北道监察御史，升河南副使。长于古诗文，虽翰林巨公，亦称其为作者。罢官后，遨游两淮间，竟卒于扬州。所著诗文若干卷。

金瑢，字廷振，由卫学岁贡为浙江分水县学训导。为人和畅平夷，虽屡诎科目，而能游心古学，精古诗文、碑刻，照耀娄东。善于诲人，出其门者，多有成就。所著有诗文若干卷。

查庸，字若庸，由卫学生员任江西永新县学训导，改任萧山。能诗文，与瑢齐名。

陈符，字原锡，别号存诚，常熟之涂松人。南野之子。南野富甲一郡，而诗礼闻四远。符长身鹤立，少出丰亨，洗濯纨绮膏粱之习，笃志于学，退然若一儒生。温恭自持，未尝见有喜怒之色。平居手不释卷，万金出纳，不蒙怀抱。钦差巡抚、工部尚书周公忱以斯文相目，檄督娄邑之赋，谓之总收。不刑于人而赋自足。所著有《存诚斋稿》二十卷，识者谓其古选得曹子建三昧。无子，以弟原嗣之子蒙为嗣。

蒙，字允德，号育庵，别号东邱道人。躯干骨立，双目炯炯。少粲养既骄，又值多病，读书家塾，一暴十寒。稍长，博极群书，若有神助。下笔千百言，滚滚不竭。作赋宏博藻丽，不下六朝律诗；平和圆畅，与王摩诘、刘长卿相为上下。其他为古选，为歌为曲，为行为引，为长短句，效韦应物则应物，效温飞卿则飞卿，效李长吉则长吉。如春蚕性巧，遇物即成者。所著有《泛雪》《东邱》等集百余卷，未梓行。蒙好功名，平居议论皆国家大事。以幼失学举子业，无阶可进。遨游两京，慷慨激烈，悲歌吊古，人莫测其际，竟坎坷而卒。

刘吴，字振之，常熟之漕头塘人。祖宗文，以财杰其乡，然积而能散，义声远播。伯效、父仿，皆能增堂构。吴生于豢养，少敏甚。年十五，出应乡试归，作《抱鹤赋》，即有骚人风致。以富饶故，既而屡入试，辄有飞语，不得售。吴最好驰骋宦途，时与志扺，遂纵酒为乐，恃财充与用赡，留意声色，孟浪不羁，簸弄世事，颠倒娱戏。尝挟重赀入京师，欲图他途以进。遨游公卿间，多分庭抗礼，称曰才子。其进见当道，始若恭慎有余，稍洽，动呼其名字，醉后白眼睥睨之，故人荐之不力。京寓十余年，挥金数千两，止得食俸中书科，数月而罢归，以京宦自处，以为郡守而下，不能镌治，获奇祸，郁郁不得志而卒，年四十有五。阁老琼台邱先生最与之善，谓予曰："吴之受辱，吾党相成之也。以平日优容，其疏狂太甚，遂不知有官府云。"所著有诗文若干卷。

孝 友

悦按：识者云以孝友而被旌，孝友之衰也。然则《书》称舜之能克谐顽父、嚚母与傲弟；孔子称闵子骞之孝，以人不间父母兄弟之言，岂他圣与诸弟子皆孝友未至者乎？不过举其极著而言之耳。今之传孝友者亦然，著其至，则所未至者可勉而及也。述孝友。

殷壁，字孝连。兄奎、弟箕。洪武初，奎任咸阳教谕，卒于官。壁不忍其兄槁葬，与箕谋曰："母老，吾弟宜朝夕侍养，吾当往迎兄枢。"遂间关数千里，扶舁以归，附葬祖陇。人高其行，画其《扶枢图》，并为诗文以赠。里儒龚大章为之传。

陆安，昆山人，世居太仓。生即天资循雅。父德甫，好客，客至，必馆谷之。客有坐事者，辞干德甫，有司闻之朝，诏鞫问之。洪武间，法度严甚，即拟德甫当连坐弃市。安与兄永诀，抵京，以"代父典刑"四字大书布袍，叩阍哀请。朝廷嘉其义，遂释德甫而斩安。临刑之日，从容就刃，若刘春风，观者如堵，咸下泣称叹。癸酉九月己卯也，年方二十有一。里儒沈鲁为之传。

俞敬，字用礼，太仓人。龆龀丧父母，为张氏养子，张颇虐之。张母孙氏，曲为庇护，敬感之。永乐八年，孙遘危疾，敬刺左胁，割肝和药以进，病遂瘳。后又刲左膊肉，和糜进，孙再愈。邻里以敬承张氏卒伍，虑其陨伤，以状闻太宗。文皇帝以敬孝诚出于天衷，能行人所不能行，深加赏叹，诏旌其门，仍擢为南京尚宝司丞。洪熙改元，升少卿。正统六年，升正卿卒。

论曰：悦按虞舜之事父也，小杖则受，大杖则走。曾子芸瓜而误斩其根，曾晢杖之重，曰："大人毋乃劳乎？"孔子非之。及晢死，曾子水浆不入口者七日，圣门亦以其过于孝。此虽杂出《礼记》《说苑》等书，其言未必知经，亦可见君子事其亲，以伤生为不孝，所以不取割股之事也。夫人之生，经十有二，肝足厥阴，且肝有二布叶一小叶，如木甲坼之象，各有支络血脉于中，以宣发阳和之气，魂之官也。故藏真散于肝，肝藏筋膜之气也，为将军之官。其治在左，其藏在右腋左肾之前，其病风气热冷，虚则其液泣、其声叫、其味酸、其臭臊、其色青，病各不一。又呼为阳而应天，呼出心与肺；吸为阴而应地，吸入肾与肝。割肝亏地道之半，必无生理。敬之所割，必非真肝。又亏父母遗体而奉他人之亲，要之又失。或曰割肝不死，至孝动乎鬼神，故伤而不殒。呜呼！忠孝一理，颜杲卿、文天祥辈，大节何如？受刑之际，安能刀寻片片断哉！圣朝以孝治天下，列圣从善如流，故官敬以为人子劝，甚盛典也。悦恐有效之，或恐殒身以为不孝子归，故备论之。

徐任，字惟用，太仓人，号陋乐。父彦辉，宣德中没于京邸。任扶榇还，昼夜号泣，继之以血。母杨氏，抱疾弗瘳，每夕稽颡北辰求代。疾转炽，复刲左股三次，作糜以进，疾遂瘳。

义　行

悦观人莫惜者财，莫重者命，而义之所在，挥金如土，视死如归，故能瘠己肥人，忘身殉众，利泽及物多矣。钻核弗懈，拔毛不为，果能赴人之急、济人之难否耶？述义行。

元

朱旭，字子阳，清之子。至元间，迁太仓。旭为中显校尉、海道千户。不乐仕进，退居田野，与士大夫交游。博涉经史，尤长于小楷、篆隶、章草。平生好施，勇于为义。尝出粟赈饥，买棺掩骼，乡里多感其德。

何敬德，无字，号孤岩善人，上海民家子。为人甚谨朴，事张瑄行舶管库，赢不自私，恒劝瑄父子毋嗜进厚藏以速祸。瑄不能用，遂弃去。当时，与敬德等夷者皆佩金虎符为万户、千户，意气自得。敬德惟布衣蔬食，积赀以济贫乏。江南北，其夫妇施舍处甚多。杭州大饥，敬德借大寺，日鬻米七八石作粥，如是者半年，活饥民不可胜数。明年，又集诸好善人，掩骼数十万。财尽而卒。敬德去瑄，在其未败之先，故无毫发累。士无贤不肖，皆称敬德为长者。胡仲孺作传云。

　　悦按：敬德事瑄，其居太仓无疑，故予考苏天爵《国朝文类》而增其传。渠方薰天，
　　已则见霜，敬德亦知几也哉！散财济人，则又其小者也。

　　吴贵，字和卿，淮西安丰人。以忠武校尉、宜兴管军上百户，因居太仓。性刚直，抑强扶弱，待奸贪以严。毅然好善，急义出于天性。至顺辛未岁，大荒疫，遗弃满道，浮尸盈途塞河。贵悉收录存养，且捐赀募人捞搣尸数千躯，就西关外祭而葬之，其功及存殁如此。贵既辞官，年高而强健，人谓阴德所报云。

　　杭仁，字仁甫，上虞人，从海漕徙居太仓。性好善乐义，捐赀施槥，以周贫乏。凡力所可及者，无不为之。其子礼，恪承父志，色养不违。女妙寿，芳年丧夫，誓不再适，节义一门，乡闾称美。至元六年，仁年八十有五，有司表其门曰"高年耆德"，仍复其家。

　　杭和卿，钱塘人。元开海道漕运，和卿徙居太仓，充漕户，家富于赀。至正十三年三月十有三日，海贼方国珍入寇，民罹烽火者甚众。和卿散财谷招义勇，有僧谬忏首者首应之，奋勇格斗旬有余日，未尝少衄，杀贼数百，枭首半泾上，贼势少沮。民因逃窜，赖全活者甚众。是月二十七日，冒雨复大战，谬钉履失足，死于敌。和卿一家无少长，咸为贼歼。

国朝

　　孙天富，字维善；陈宝生，字彦廉，晚居太仓，以周穷拔难为事，初皆泉州人。天富为人，外沈毅而内含弘；宝生更明秀，皆勇于为义。宝生父思恭，贾海而死，天富悯其幼孤，约为兄弟，共出货泉，复谋贸易于海外诸国，迭留养母，时或相辅而往。所涉异国，自高句骊、阇婆、罗斛等国，凡十易寒暑而返，彼此不稽子本，无毫发私。且两人涉海去中国数千万里，足之所履，无虑数十国，皆能以孝友信义化导，其人无不观感兴起，各蛮语推崇云云，译之者泉州两义士也。中国之贤士大夫，亦以为然。蜀郡王彝为之传。妫生曰：王彝号妫生。余读《周书·王会篇》，夷之国众矣，而皆纳贡周邦。孔子，周人，欲居九夷，然未往也。今陈氏以商往，且犹义动乎彼，岂其读古圣王书，慕义而行之者耶？不然，何其居夷而能是也。古语云"放之东海而准"，予于孙、陈氏见之矣。

　　论曰：悦观思恭海死，宝生少孤，舍母不事，复为贾海计，是能盖父之愆者乎？

天富心与同胞，既母其母，不能尼之不行，同奉朝夕，反挟之以蹈不测之渊，可耶？不可耶？呜呼！若二人者，事母无间，得货不私，于取友一节之义，则有之；孝亲之本，或未之知也。

王璘，字廷用，凤阳府定远县人。任镇海卫指挥佥事。读书，善骑射。宣德二年，交趾梗化，朝廷命将讨之。时本卫指挥周某年高而与选，璘毅然曰："国家收养武臣，止为敌忾计耳！今衰老反行而少壮者坐视，岂臣子效死边陲之心耶？"即日代行，从安远侯柳昇抵昌江，战屡捷。次日，酣入巢穴，值大雨，泥扼马足，死之。子宽，代职，亦好学，善声诗。居官以慈爱称。孙立，袭爵，有声士林。

周勉，字元学，别号守斋，昆山之东鄙人。读书好礼，颇善吟咏。慨慕范文正公义庄之为，立规未就而卒。其子塾等，因有公田四百亩，又各出田三百亩，立义庄为赡族之计，能行之持久，实义举云。

沙头瞿通甫生友直、友谅、友常。直、常无子，友谅生元亨、元贞、元吉。元亨生三子，曰刚，举人；曰健；曰坤，阴阳训术。元吉生一子，曰观，州庠生。元贞无子，以健为嗣。历五世，兄弟友爱，未尝分爨。世降俗衰，父子各烟者比比。知州李端义之，特奏旌表其门，部符未下。

钱氏，新安乡巨姓。有名贵者，读书雄赡，在元时为海道运粮千户。子景春，字元卿，隐居好施，独建戚浦塘桥，以便往来。人德其尚义，名其桥曰"尚桥"。孙琼，字孟玉，倜傥有胆气。时有勾军千户，舞威虐民，众莫敢抗。琼挺身系其人，亲面太祖高皇帝，应对称旨，枭其人于市，赐琼衣钞而还，乡邦荣之。七世孙璞，亦豁达有为，因其乡陆公堰旧有小市，遂捐赀修葺，更其市名曰新安，有无贸易，货物流通，乡民便焉。

郑余庆，字惟元，沙溪之阳买地数亩为义冢，以便穷民葬埋。

太仓州志卷之八

太仓州志卷之八

列　女

悦观刘向之褒列女，诸葛之旌贤妇，以其系家道之盛衰与风俗之厚薄也。然女有四德，贞烈为本，贤慧为次。故列有先后，述列女。

元

朱节妇茅氏，昭勇大将军、都水监朱虎之妻，河南行省左丞清之子妇也。大德七年二月，得罪，籍其家，吏录送茅氏及二子赴京师，茅时年三十有二，没属官医提点师甲。誓不失身，与二子衣裾连结，昼夜抱倚号泣，饮食不进数日。师屡以势临之，终莫能夺。虎故人王大卿等义而哀之，合钱回赎，寓于巡警院昭回坊永安尼寺。茅痛念家祸，悲忧成疾。明年四月，卒于寺。卒后三十七年，虎兄子谦言其节行于有司。省部核实，至元五年五月，移咨浙江行省，表旌其墓，仍录付史馆。

悦按：陈伸传云：清子济及虎，俱弃市。然则武宗至大三年，命虎仍治海漕，赐所籍宅一区、田百顷，岂虎复生者耶？观袁华《题朱节妇诗》云"舅既被囹圄，夫亦为孤累"，又云"俯赐龃龉了，良人沕何之？"盖成宗无贞六年，流朱、张子孙于远方，仍给路费，虎在"流之"之内，故诗云然。又云"荏苒三十年，孤坟草离离"，然则华去虎时不远，其言又的实可信。且《元史》传朱节妇云：其家以罪诛。虽未尝言其夫诛，并不言虎窜逐之事，非□纪载不明者耶？呜呼！虎身见存，后复见用，而先使人有其妻子，此则胡元夷狄之俗，纲常为之扫地，而国随以亡也。

周烈妇张氏，年十七，始赘婿。至正十六年，太仓适立水军万户，以烈妇之父长百夫。岁余，与其伍谋刺其帅，事泄，夷其家。妇之父母及夫皆死，次缚妇于武陵桥，将斩之。帅之子丽其色，令刀者舍之，语曰："汝能从我则活！"妇怒曰："岂有父母死而我独生者乎？"又诱曰："苟从我，当葬汝父母及夫尸。"妇益怒曰："我惟知死耳！他无望也。"帅子拔佩刀，摩其颈曰："汝不从，我断汝首，啖汝肉。"妇厉声曰："不义贼，尔父既杀我父母及夫，尔乃欲妇我耶？"顾所亲曰："我有白金若干两，可以置棺，合葬我父母，妾则袝葬于夫之侧。"帅子度不可胁，乃愤而杀之。会稽杨维桢评曰："人之所恶，莫甚于死。从容就义，烈士难之，况妇人乎？周真可哀也哉！"

陈氏，太仓陈德母。氏生德及三女，二十七岁而寡。义不再适，勤俭守家，保育诸孤，皆能成立。其甥茅德润与一时士夫共美其行，相与扁其楼曰高节，以旌之。广德钱治为记。

国朝

曹氏，太仓人。甫笄，归同里唐士则。士则商死鄱阳时，曹氏即屏华饰。舅目眚，姑寝疾，扶持保养，未尝少违。有子起孙在襁褓，鞠育底成立。舅姑没，丧葬皆以礼。寡居四十余年卒，乡人称其节孝，淮海秦约为之传。

海盐陈思恭妻庄氏，泉州人。顺帝初，思恭商于泉，娶之。生子宝生，即泛海。闻已死，庄遂矢志不贰。又五年，思恭生还，旋又浮海去，实溺死。人闻庄贤而有容，求者接踵，俱誓死谢绝之。初思恭来泉时，有前娶妇生子宝一，在海盐外家，遗钱四千缗赡之。思恭尝贷其友石章钱五千缗，至是，负市舶司钱系狱，庄曰："吾夫之信不可失也。"倾所余偿之。人无不义其所行者。宝生携母归，筑春草堂于太仓，以奉养。敬恭宝一，宝一殁，复为抚育其子，君子谓庄之教焉。西蜀王彝传其事。史氏曰：史氏，彝也。洪武初，诏修《元史》，予执笔从史官后。比予在元末，尝为庄作传，附野史。今《元史》有贞节传焉，庄生元世，史官曰宜传，然而生者不预也。庄今生逢有明，而身犹康强，其亦有所待哉！夫忠孝节义为声教先，今国史如传贞节，庄固其人欤！然则庄不列《元史》者，非削之也。

钱氏，太仓人。幼读《孝经》，知大义。嫁里人胡原。洪武三十年，夫戍云南，捕窜事觉，坐法弃市。钱氏与夫诀曰："汝万里归，为母与妾耳！今汝死，妾何独生？"至夜分，抱乳儿泣曰："吾不能保此矣！"遂入寝室自经，年二十八。汝阳袁华为之传。

顾烈女，太仓人。父母早亡，鞠于叔家。初许嫁王氏，未及醮而夫亡，誓不再适。叔婶不之信，复许嫁徐氏，强之行，乃通体缠束作死结。至其家，谓徐氏子曰："吾非汝家妇，乃王郎妻也。"徐不敢强，至夜自经，乡人异之，称为烈女云。

胡氏，名淑宁，太仓胡致霖女。年一十有九，许嫁邑民杨皓，未婚而皓商不返，后竟以讣闻。淑宁泣曰："我命矣乎？妇事毕矣！"自后，求者踵至，其祖世铭强之，乃厉声曰："与其妇人而生，孰若不生之为愈耶？"祖父闻之惧，不敢强，始终以节操自全。

论曰：悦观胡、顾，皆处女而不贰于心耦，可以不死而死，可以嫁而不嫁，其与食君之禄而献忠新主者，其香臭奚啻燕茅之与荃通也哉！

锺氏，孝子陆安之妻。与安婚才浃旬，安以父德甫为居停客逃连坐。洪武时，法严，即置大辟。安至京代父死，与锺诀曰："汝芳年归我，罹此变故，后再适人，当以一麦饭洒吾墓而行。"锺曰："吾有处此矣！"闻讣，抱骨泣血，气未绝，入寝室自经。夫妇合葬于先陇之左，迨今人指为孝烈墓云。

张氏，举人周敬妻，世居太仓。敬濒会试，闻父讣归，卒。张寡居数十寒暑，绝意他适，抚幼二孤麟、凤俱成立，为邑庠生，亦早殁。又为立后，使敬不为若敖氏鬼，张之力也。成化十有一年冬十月，朝廷下部旌表其门。

顾豳妻胡氏，父彦瑜，世居双凤。年二十一而豳卒，舅姑怜其少，欲夺其志，胡以死自誓，竟完璧而终。成化乙未，旌表其门。

陆氏郁蒙谦妻，父孟舆，世居沙溪。年二十一，蒙谦卒，寡居五十余年，始终一致，抚一子一女皆有成立。子宗，为儒医。女嫁大理寺卿章格，士林扁其堂曰完节。岭南白沙先生、陈公甫俱有诗揄扬之。弘治七年，旌表其门。

刘氏，太仓卫军王贵妻。夫亡，刘年二十有七。服阕，宗族以其年少子幼，将夺其志。刘坚拒之，寡居四十余年，抚其子皆有成立。弘治戊午，旌表其门。

顾钺妻俞氏，父景明，沙溪旧族，读书能诗。俞氏年二十，丧钺，即屏膏沐、闭闺阃，以节自励。生遗腹子守元，抚教长成，由进士为中书舍人。弘治十一年，有司上其事，守元迎养之京。卒，以守元贵，封太宜人，旌表之典亦随下，而不逮矣！呜呼！

沈氏，名桂英，常熟人。父叔赐，主村塾。年二十，归昆之细户陆润。天顺三年正月，夫死，将火其尸，父欲其改图，尼其送殡，泣语父曰："汝曾知书，此出何典？"还家自经者再，守防少懈，卒死之，二月三日也。里人王桧常上其事，有司未能暴白。沈氏之邻女杨淑贞，嫁夫奚昌龄，二载而寡，年方一十有九，生遗腹子瓒，小家贫甚，守义四十余年，无纤颣，人以为化沈氏之节。又有孙氏，父肯堂。嫁夫陈古民，早卒，居贫守节，父母家虽裕，邀迎不返，卒死于夫家，士人林茂赠之诗，有云："绝塞吹箛羞蔡琰，中流泛柏许共姜。"

杨氏，讳善英，原松江华亭人。祖道宏，迁居京师。父海，天顺间顺天府乡试经魁。杨氏幼有淑德，既笄，归翰林修撰张亨父为继室。入门，令德婉婉，宜其家人。甫三载，亨父以暴疾卒，杨泣血赤眦，多艰又出哀外，谋扶榇归葬太仓。所亲以年少子幼风之，杨大恸曰："张氏遗孤在抱，将奚适哉？"卒归葬亨父于祖茔之侧，众痛煎心，百无一倚。不得已，又附舟北上，倚兄玙以居，茹辛纺绩，以度朝夕。子琏，稍长，即教读书习字，经营十有五年，始为娶妇。弘治庚戌，琏厕名翰林。又七年，为译字官，方有禄养，而杨弗逮矣。年方三十有九，其疾多因夫丧家贫，百郁会凝，呕血而卒。

王氏，名妙莲，嫁夫林信。永乐间，信以有力者诬以死罪。知无出力相援者，乃与其弟宗显至南京通政司，投牒榜冤。例以官舟递送行在，奏闻，提所诬者同谳于法司，凡三易寒暑。事白，信全身归。王忘身为夫诉屈时，子茂方三龄，依女兄以活。归已七龄，抱泣曰："吾为所天弃汝如遗，居京时，尝忆汝，风沙随泪眯目，遂视不甚分明，痛哉痛哉！"信之再生，王之力也。本朝山西平阳府河东驿丞王伫妻，代夫典刑，既蠲其罪，复旌其门，王亦可旌也哉！茂读书能诗，好贤乐士，人比之张希颜云。

钮氏，讳淑安，儒医周康之妻。年二十八丧康，即屏华茹辛，矢心弗贰。抚子颐六岁；震仅越晬，皆成立。奉舅姑曲有礼意，乡党称贤。年八十八而终，有《贞寿卷》。逸老龚大章为之传，且为志其墓，足传信云。

茅氏，讳妙贤，常熟之双凤乡陆枢妻。幼读小学、《孝经》，亦略知诗。年三十三而枢卒，屡遭回禄，家业荡然。伶仃艰苦，惟以纺绩为糊口计。尝携幼子昭甫扫松，自赋诗云："携却孤儿上古坟，眼穿肠断泪纷纷。翁姑大德终身负，夫子深情两处分。帛纸灰飞烟渐冷，杜鹃声切耳难闻。东风道路多尘土，不染荆钗旧布裙。"平生所作百余首，有得性情之正。子昭甫能诗画，表表士林，多慈训之功。

俞氏，嫁卫庠生颜埙。埙力学成疾卒，俞年方二十有六，守义四十年，能全节云。

杂　传

悦按：人非一类，不可正书，故谓之杂。

朱清，字澄叔，崇明姚沙人。张瑄，嘉定之新华村人。朱、张少俱无赖，相结为兄弟。宋季年，群盗相聚，乘舟抄掠海上，朱、张最为雄长，阴部曲曹伍之，当时海滨沙民、富家以为苦，崇明特甚。朱尝佣扬氏，夜杀扬氏，盗妻子货财去。若捕急，辄引舟东行。三日夜，得沙门岛。又东北过高句丽水口，见文登、夷维诸山，又北见燕山，与碣石往来，若风与鬼影，迹不可得。稍怠，则复来，亡虑十五六返。

私念南北海道，北固甚径，且不逢浅角，识之。胡元廷议，以兵方兴，请事招怀。朱、张即日降，以吏部侍郎左迁七资最下一等授之，令部其徒属，为防海义民，隶提刑节制水军。宋亡，从宰相入见世祖，授金符、千户。海运方兴，实与奇谋。初年运粮，不过四万石，后通增运至三百余万石。朱累官至昭勇大将军、河南行省参知政事、大司农，张累官至明威将军、江西行省参知政事，并为海道运粮万户。朱子虎，为副万户运粮，征交趾。又为都元帅，征琉球。瑄子文虎，初为千户，后擢至户部尚书，领漕事。弟侄甥婿，皆为大官。下至厮养，佩金虎银符者动以百计。田园宅馆遍天下，库藏仓庾相望。巨艘大舶，帆交番夷中。舆骑塞隘门巷。成宗元贞元年，有飞书上言其有异图者。六年，江南僧石祖进告其不法十四事，令御史台诘问之。八年，命御史台宗正府委官遣发其妻子来京师，仍封籍其家资，收其军器、海舶等。是年，流其子孙于远方，仍给路费，命江南行省左丞董士选发其所籍货财赴京师，其海外未还商舶，至则依例籍没。武宗至大三年，复以清子虎、瑄子文龙，仍治海漕，以所籍宅一区、田百顷赐之。又以其孙枢密院判完者，并诸孙悉放还太仓守坟墓。墓在北门外，松柏如山。武陵杜青碧云：太仓风水，赖朱氏山林茂盛，以致殷富。伪吴张士诚据吴，伪将卒赭夷成丘矣。当朱、张盛时，以赂遍结权贵，史称惟枢密院副吴元珪一人不与交通，其他可知矣。贪慕权势，所欲无厌，竟以积恶灭其身家，可悲也夫。嘉禾金方所作《朱张行》以讥之。其略云："元载胡椒八百斛，未满朱张半间屋。石崇锦帐五十里，未比朱张半床褥。"又云"二雄往矣万事休，水师依旧运粮舟。漫留覆辙后人看，富贵难掩千年羞。"亦可谓得实矣。传云：瑄之豪横过于清，有拂其意者，则缚而投诸海岛，清罪又薄乎云尔！

悦按：朱、张事才二百年余耳，国初所传闻，又各异词者。细考《元史》不为立传，其事散载于各帝纪之下。二人得罪之后，史不明言其诛否，惟胡仲彝作《胡长者传》云瑄父子俱就夷戮，则清之死可知矣！陈伸《太仓事迹》云：清触石而死，瑄弃市。不知何据？抑伸之传二人，不观信史，不考他书，多传闻臆度之言？胡仲彝作《胡长者传》云：宋亡，从宰相入见。伸却云：世祖驻兵交州，二人驾舟达北海，至交州入见。史云：瑄追二王有功，伸却云：清斩宋都统有功。史云告二人不法事者，僧石祖进；伸却云那祖羊。别志又云：吴也先是皆不知而作也，又如武宗至大二年，以其田产隶中宫，下却云：立浙江财赋总管府提举司，自是别事。《姑苏志》亦以之属于朱、张，不知文理脉络也。以讹传讹，其弊又不可胜言者矣！呜呼！二人起家群盗，在当时名位已极，气焰薰天，厌无纪极，而身家以灭，非方氏所谓千日公卿、万年狗彘者耶？予故削之于仕宦之中，而列之于此，以为不义而富贵者之戒。

那怀,本蒙古瓮吉剌氏。泰定初,以武德将军为达鲁花赤。时州迁一纪,公廨未建,即召募各保里正董其事,力营造有方,民皆乐从。先是,上司按县供张器用,悉赁于富室,计日酬重价。至是,以公罚钱造银器、床褥,百用具备,当役者始息肩。又敬重老儒,人多贤之。

八资剌,字思良,畏吾人。至元二年,来任监州。为政警敏,民皆惬服。先有憸民觊觎学廪,斥空郡庠诸生,且立石公堂,绝其复籍影迹,庙学亦毁。资剌至任,恻然曰:"设学养士,风化之本也。起废之责,不责之有司耶?"即重新学宫,复诸生籍,毁党锢碑,儒风大振。及解组去,自谯楼至西门,彩帐盈途,士民攀留,脱靴截镫,数里方辍。

　　悦按:八资剌为监州时,州正在太仓,但旧《昆山志》云"斥空郡庠诸生",其"郡"字可疑,岂"州"误书为"郡"耶?抑郡之学在州,而小人吞并之。公复其田,与修本学为两事耶?谅不出此二端之外者矣。

勃罗帖木儿,字存中,唐兀人氏。至正元年冬,以奉议大夫为监州。下车初,适立都水庸田使司,开浚河道。木儿受委任督工,冒雪自勘,故民乐于趋役。尤留心学校,捐赀造大成雅乐,及梓行郡志。值亢旱,长斋露曝,勤祷弗懈。暇则延儒生讲义理,择善而行,惟恐不及。临民仁恕,民被其泽。

　　悦按:春秋之时,莫大于楚。孔子作《春秋》,始以州举,后称子待之,不与邾莒小国同,盖外之也。宋承汉、唐之正统,辽、金虽强盛,所窃据者乃宋之土地人民,今以辽、金与宋并之而为三史,是犹释、道与吾儒鼎立而为三教也,可乎不可乎?予因传那怀、勃罗帖木儿等而有感焉。以吾民曾被其泽,故备载其政事之实,不没其善也。然不列之名宦之中,而置之于此,盖法《春秋》外夷狄之意云尔。余尝欲作书,史宋而传辽金以传后世,力有未能,姑志吾私于此。

费信,字公晓,从戎太仓卫,颇练达知书。永乐七年[一]、十三年,宣德六年,

〔一〕 明陆容《菽园杂记》卷三云:"永乐七年,太监郑和、王景弘、侯显等,统率官兵二万七千有奇,驾宝船四十八艘,赍奉诏旨赏赐,历东南诸蕃,以通西洋。是岁九月,由太仓刘家港开船出海,所历诸蕃地面,曰占城国,曰灵山,曰昆仑山,曰宾童龙国,曰真腊国,曰暹罗国,曰假马里丁,曰交阑山,曰爪哇国,曰旧港,曰重迦逻,曰吉里地闷,曰满剌加国,曰麻逸冻,曰彭坑,曰东西竺,曰龙牙加邈,曰九州山,曰阿鲁,曰淡洋,曰苏门答剌,曰花面王,曰龙屿,曰翠岚屿,曰锡兰山,曰溜山洋,曰大葛阑,曰阿枝国,曰榜葛剌,曰卜剌畦,曰竹步,曰木骨都东,曰阿丹,曰剌撒,曰佐法儿国,曰忽鲁谟斯,曰天方,曰琉球,曰三岛国,曰浡泥国,曰苏禄国。至永乐二十二年八月十五日,诏书停止。诸蕃风俗土产,详见太仓费信所上《星槎胜览》。"

三随太监郑和；永乐十年，一随少监杨敏等，泛海往占城、满剌伽、苏门答剌、锡兰山、小唄喃、柯枝、古里、忽鲁谟斯诸国，历览其风土人物之异，逐国分序，各咏以诗，号曰《星槎胜览》，家传而人诵之。

艺　术

悦按：一艺必录，小善必登，古人取人之法类此。然则艺术，其可不录乎？述艺术。

元

宋尹文，海道千户祐之子。学琴于秋山徐氏，得其雅正之趣。大德间，鲁国长公主闻其名，召至，奏胡笳十八拍。公主抚然曰："其音有放妻离子之悲，何其感人之深也。"赐之白金百两持归，老于报本寺。益精六壬遁甲之法，推测休咎，多奇中云。

国朝

郁震，字鼎文。郁之有家于吴，自唐校书郎廷规之子推官平江路始，六世曰德延者，迁昆山；八世曰秀岩甫，始业医，乃震之高祖也。秀岩甫之子曰德之，为震曾大父，益邃其术。与神医葛可久，声望相埒。父继善，尤于医擅声。得异人针秘，能起危疾。其殁，都御史吴讷铭其墓。震读书尚气节，初以名医召入京师，复以才武从偏师，经略西域，出玉门关，逾葱子岭，以至火土罗及五印度，则偕土著。遂遵海徇西南夷，与舟师会，如是者二。皆得其要领，而诸国遂义，属为外臣，以功授苏州府医学正科，赐三品服。致仕，徜徉诗酒，年八十一而终。弟性，字鼎志，精医志学，温雅好士，与兄齐名，为常熟县医学训科者三十余年，亦以上寿终。孙宗等，克世其业。子姓登科，父子相继，人以为活人阴德所致。

周焕文，家于常熟之沙溪。世业儒医，从父戍河间，代归，医道大行，延治旁午，急于济生，不择贫富，声誉籍甚。尝自诵曰："趁吾十年运，有病早来医。"

徐寿，字大同。其先黄岩人，祖伯兴，昆山州学正，遂家太仓。大同读书善医，长于针灸。生母病，稽颡求代，时称其孝。仲子牧，为某府长史。

陶浩，字巨源，世居太仓。少游邑庠，且博学，为许元孚赘婿，因传医学，远近闻其名，求疗者日至。浩素清俭，有声士林，后其医惟徐德美得其真秘云。

陈纯，精于内科，治疾不泥古方。娄人赖其回生者众，后以荐授梁府良医副。

周祯，字子祺，号坦斋。先世春陵人，与元公同派。始迁祖讳世德，业儒，仕宋为承直郎，扈从南渡，定居于此，其详著《晦庵先生社仓记》。九世孙坦斋，医名於时，贫病者每袖米钞与之，以资药力，寿九十三终。子砥，字履道，号容膝轩。国朝洪武初，由人材授兴国州判官，不就，愿就卑职。时委山东监造战车、浙江监筑海岸，有能声。官至巡检，食州判俸，历任四十余年，无公私额，空囊而返，惟以药石济人为务，卒寿八十有二。子康，字和斋，精医早丧。

钮氏守节，子颐，字养素，号易安，天性明敏，有大志。子史方物，悉能辨博。医无计利责报。颐子深，力学，克继先业。深堂兄若川，善诗画，亦精于医，深得三世之传云。

周巽，字廷顺，读书甚密，家富，少多疾病，遍请名医治之，久之，遂精其术。人来就医者，多馆谷之，兼施药云。弟豫，以子某贵，封中书，亦以疡科名。

邵启南，常熟之沙溪人，世以疡科名于乡。

陆伯伦，常熟之直塘人。工楷书。永乐中，荐为中书舍人。

赵楷，字宗范，太仓人。善书。永乐中，除江西都昌县县丞。

张翌，字文翔，世居太仓。慷慨尚气节，善书，学欧、颜二大家，题壁极多，有斗大者，终日挥洒不倦。其书《龙门谏院题名记》，尤超伟非凡，此叶文庄之言也。盖翌尝以事谪戍开平，故岭北多其书云。

周原素，世居太仓。博学多能，尤精于画。洪武初，取入画院。宫掖中山水画壁，多出其手。同业者忌其能，卒死于谗。

范暹，字启东，世居娄城之东。工写翎毛、花竹。永乐中，入画院。艺精识博，缙绅士大夫咸爱重之。子阶，任鸿胪寺序班。

张翚，字文霶，翌之兄，善画马远、夏珪山水。

张凯，字景南，号南崖，常熟之沙溪人。世善丹青。大父彦才，与铁崖杨先生以诗画交，铁崖尝主其家，有墨迹可征。父子安，号晚节；伯子明，号云山道人，皆有能画声；子明，永乐间钦取至京，名播公卿间。阁老东里杨先生咸与之善。凯益精其术，日坐一室，而求画至者，户外之屦常满。其传人之神，所谓并其精神意态而得之者也。子文惠、文德，世精其业。

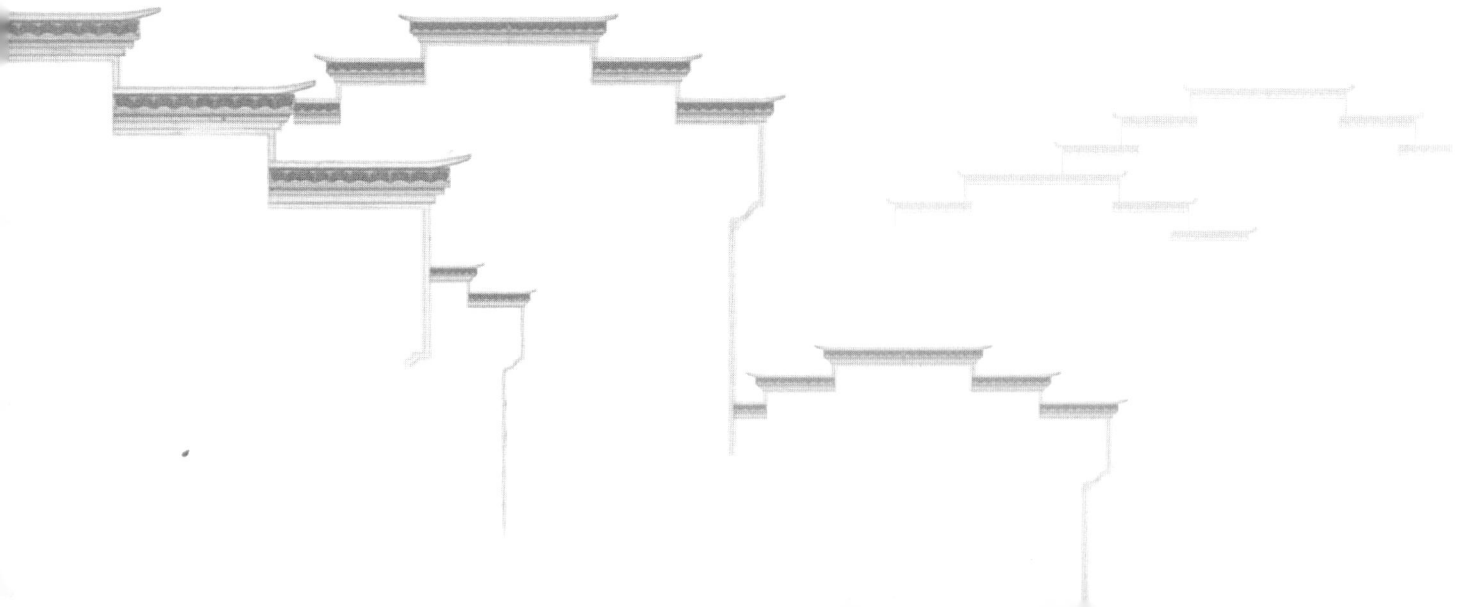

太仓州志卷之九

太仓州志卷之九

封　赠

　　悦按：《中庸》云："武王未受命，周公成文、武之德。追王太王、王季，上祀先公以天子之礼。斯礼也，达乎诸侯、大夫及士、庶人。"此封赠之源流也。呜呼！享有爵禄，荣其身以及其亲，不能尽心所事，以建功名于不朽，不惟谓之不忠，且谓之不孝矣。述封赠。

陈惟宗，以子琏贵，封刑部主事。一本作继宗。

陈璧，以子锜贵，封兵部主事。

高义，以子宗本贵，封监察御史。

陆瑜，以子㫤贵，赠刑部员外。

陆晟，以了鈫贵，封翰林院编修。

夏德富，以子时贵，赠礼部主事。

陆裕，以子容贵，赠兵部主事。

张忠，以子泰贵，赠翰林院检讨。

郭子英，以子经贵，赠监察御史。

姜敏，以子昂贵，赠监察御史。

胡庸，以子承贵，赠翰林院检讨。

顾永，以子篪贵，赠翰林院检讨。

施政，以子裕贵，赠太仆寺丞。

毛升，以子澄贵，赠翰林院修撰。

　　已上皆太仓在城人。

王辂，以子侨贵，赠工部主事。

已上昆山人。

陆彦和，以子伯伦贵，赠中书舍人。

唐瑜，以子韶贵，赠监察御史。

顾忠，以子以山贵，封监察御史。

郁蒙亨，以子容贵，赠刑部主事。

周豫，以养子绍荣贵，封中书舍人。

马公逊，子绍荣既以中书舍人封，恩父，复乞恩复姓，赠公逊吏部员外。

叶瓛，以子预贵，赠武涉县知县。

顾钺，以子守元贵，赠中书舍人。

　　已上皆常熟人。

游　寓

　　悦观东坡寓南安，苏步有坊；韩子游衡山，开云有楼。大贤君子过化之地，山川草木无不光辉。而况亲遇其人，聆其欬唾，获其篇章，庆幸当何如耶？但其人在世，与人同群。或如扬子云之衣服，言动不能动人，或不得已如曾南丰之走吴、走越，反速侮遭谤，庸或有之，而其为世之太山北斗，固自若也。生虽畸世，千百万年之下，思欲为之执鞭举舆，有不可得者，果少其人哉？元季，太仓来游之士，非过化等伦，然皆一时之俊，其风流词翰，亦足抬举景物而尊重一方者也。呜呼！今其可得欤？后之视今，亦犹今之视昔，宜著其名字，以传不朽。述游寓。

赵子昂吴兴人　　　李孝光永嘉人　　　杨廉夫会稽人

谢应芳毗陵人　　　张伯雨钱塘人　　　杜青碧武夷人

王九章会稽人　　　倪元镇毗陵人　　　金方所嘉禾人

郯九成吴兴人　　　郑季明　　　　　　曹新民

王寿翁　　　　　　沈士诚　　　　　　熊士德

林泉生　　　　　　郑庸斋　　　　　　马萃仲

张雪林　　　　　　崇子霖　　　　　　郑熹之

黄伯旸　　　　　　陈公潜　　　　　　范复初

廖如川

释　道

悦按：三代之时，一道德，同风俗。自佛法入中国，道教被率土，而后教分而三矣。
然所谓一者固自若也。但彼教行日久，日新月盛，妖幻之迹，迷漫千古。历观晋、梁、隋、
唐诸书，无不传其神异之迹。正如孔子作《春秋》，荆始以州举。至其极盛，《书》云"楚
子使屈完来聘，有君有臣"之辞，盖有所不得已耳，而况其徒？亦间有外形骸炼魂魄
之士，为吾儒取者，又善与之交游，话无生之理，谈得一之规，反若推其波而助其澜
者焉。正屈子所谓兰化为茅是也。呜呼！不惑其道者，自关、闽、濂、洛及马、邵诸
君子外，其他挺然为说以非之者，惟韩、欧二公为最耳。一将孤立于万阵之中，安得
保其得隽耶？吾道衰则异端盛，任世道责者，吁可畏也，亦可忧也。修本以胜之，而
后能人其人、火其书，此则治之之法也。呜呼！其难矣哉！述释道。

元

善定禅师，号止庵，太仓吴氏子。自幼不与群儿伍，长为僧，询法于万寿都纲相
本空，得言外旨，后造径山，参玄顿悟，深有造诣，涉猎经史，而戒行尊严，常住持
径山与海宁。晚年退闲一室，日与学者讲说《四书》不倦，人称之为"定四书"云。

清奇者，太仓周氏子。少不茹荤，年十六，海宁楼雪溪乞为徒，后谒长干一雨翁[一]，
得禅教三昧而归，南洲洽公见而称之，曰："吾教有托矣！"六年，与修《永乐大典》。
寻住持镇江胜果寺。十七年，复征至京师，居海印寺，校雠三藏，未完而逝。有《怪
庵集》行世。

惟寅，号樗庵，太仓吴氏子。为僧行洁心仁，凡遇臣子必勉以忠孝，面折人过，
人服其直。永乐六年，与修大典，后住持洞庭、西湖讲寺。寻驰驿至京，校雠三藏，
蒙赐法服、数珠、坐褥，还居淮云寺，学者争师之，尤工诗善书，为士林推重。

论曰：悦尝游戏三藏，见称孔子、颜渊皆为佛弟子，欲冒儒以自尊崇也。不执粪橛，
无言脱悟者，能几人哉！其次所谓高僧者，不过剥华章句，以节操其教耳。其经计十
赝九，无怪其然。今观善定，能师来学，闾里播馨。清奇、惟寅，亦颇知书，熠耀荣宠，
贲于招提。是非假儒文墨者耶？若夫矢口成章，为聪明境界，亦是魔障，此言非出佛口，
则诞登彼岸，黜于毁梁者也。

〔一〕　杨士奇《僧录司右善世南洲法师塔铭》云："按状，师讳溥洽，字南洲，晚号迂叟，又称一雨翁者，人
即其所居轩号之也。"

王惟一，自号景阳子，本括苍人。从父官华亭，因家太仓。遇至人，授以还丹九转心法，乃著《景阳明道篇》《金丹枢要》《先天易赞》《祈祷问答》《行雷心法》《道法精微》六书。晚年，寓樊泾岳祠。泰定丙寅正月三日，自笔其遗事，端正而逝，颜面如生。火龛之际，双鹤盘旋于上，久之而去。火灭，灵骨挺然。

杨士冠，居湖川塘，遇至人，授以道术，能投莲实于冬池，顷刻花叶蒨灿。尝啜茶肆中，咒碗水成钱以酬直。翦纸为鹤，即能飞舞。能于青天倏起云雾，奇异莫测。一日，约叶月堂、陈西山山中寻师，叶泄其谋，遂不果行，既而叶死。

周静清，元赐号清宁抱一凝妙真人，为道箓，主双凤之普福宫，道合玄真，玉芝呈瑞，事载记文。

国朝

周玄真，普福宫道士。玄高道莫月鼎法裔，道行修洁，名著朝野。月鼎五雷之法、斩勘之书，得之徐无极、王侍宸，后授王继华，继华授张善渊，善渊授步宗浩，宗浩授玄真，皆能狎雷致雨，而玄真尤为奇特。

论曰：悦观玄教以清净无为为宗，故惟形神俱妙与道合真者，乃为上品。其他呼雷吐雾、搜妖灭怪，凡百变幻莫测之事，皆其教中之支流末裔。正如吾儒以文章、词赋夸耀于时，而不知其道未为尊也。呜呼！是可与俗人言哉！

杂　志

悦按：事非一类，不可类书，故谓之杂。

晋咸和二年，苏峻反，贼帅张健据吴城。郡人顾众为扬威将军，潜图义举，乃自海虞由娄县东仓与贼帅交战，大破之。

至正十二年壬辰三月十有三日，方国珍率海岛贫民千余艘寇太仓，突入刘家港，烧海运官船无算。十五日，直抵太仓，大肆劫掠。浙省参政宝哥樊执敬领兵数千来援，次于昆山，遣平江游奕十字军为前锋，至张泾桥，遇贼即溃。贼势益猖獗，自张泾至武陵桥，横尸塞途。所掠财货，不可胜计。十四年，贼众复至。副万户董抟霄率众御之，枭贼数百人于刘家港及半泾。自是遁去。十六年春，张士诚据平江，丁仲德盗州印降附，授伪州尹。时国珍已归元，为海道防御万户。寻奉省檄，统温、台、明三州舟师名，克复太仓。张氏以民心未附，遣伪将吕珍等守畚子桥，筑营浚濠御之。有漕户倪蓬头者，阴党方氏，率众内应，自古塘西来，出吕不意，袭杀之。吕仅以身免，时三月二十日也。是月二十七日，张氏遣伪将史文炳屠太仓，烟焰涨天。千门万户，俱成瓦砾矣。及方氏退兵，张招集流民复业，始筑城为固守计。既而，张因中丞蛮子海牙归附，浙江行省丞相达识帖木儿，以便宜行事，除张太尉。伪将次第归正。方氏复集三州舟师，大举入寇。张仍遣吕珍率雄兵，开门迎敌，杀贼于半泾，流尸蔽江，水为不流。自是，海盗不复窥太仓矣。

悦按：《元史》载樊执敬于《忠义传》，其云：至正十二年二月，督海运于平江，将发舟，大宴犒众于海口。俄有客舟自外至，验其券信，令入，不虞其为海寇。既入港，即纵火鼓噪，时变起仓猝，军民扰乱，竟焚舟掠粮而去。执敬走入昆山，自咎失防，郁郁不解。今按《太仓旧志》及《太仓事迹》俱载执敬闻海盗寇太仓，率众来援，次于昆山，畏贼不敢进；史则言其遇贼走入昆山，又是不同。要之志之所载得实，盖方国珍以千艘入寇，岂可云无名客舟？何券可验？而纵其入港，止掠海口粮舟，则又入港何为？且太仓至正壬辰遭兵之惨，杭氏一门殉义，昭昭在人耳目！史略不归咎，执敬其自咎失防，郁郁不解，心事隐微，史官又何由而知之？且薪黄盗陷杭州，去此才四五十日间耳，不死于此而死之于彼，均于一死，特有先后之间也。又史载执敬死敌之时云"时已奉命讨贼海上"，所讨之贼，非太仓海盗而何？又与督运海口之言自相背驰，其为畏贼而退，又何待言说耶？国朝修《元史》，凡元死事之臣，或秉史笔之故友，故曲笔回护如此，然其终死于敌，光明俊伟，则又不可轻议之也。

至元二十四年，水涝为灾，宣慰朱清谕上户开浚，自娄门导水，由娄江以入于海，粗得水势顺下，不致甚害。

元初，太仓刘家港及诸港汊，潮汐汹涌，可容万斛之舟。张士诚据郡城，畏海盗之扰，遂塞至和塘尾，以障海潮。开九曲河，仅通太仓东门。于是，半泾、陈泾、古塘等港，俱塞涨以为平陆田畴，无潮汐之利，市民无贩海之资矣。

至正乙酉，朝贵命置碑石，赴都，抵直沽，忽尔中断，乃有圣像，俨然刘氏父子文明、文政，复使载归。朱应发请于岳祠安奉，道士尹惟一述其事，稽首而献颂曰："天然一片龟山石，中有灵异无人识。海航万里趋京邑，当时卿相镌碑刻。陨劂襞裂不可测，洋洋上帝遗形迹。刘公竦视志斋庄，殷勤扶护还故乡。尚虞湮没难韫藏，博士朱公为举扬。移镇行岳古道场，旧存太仓东岳庙中，今亦不存。人人赞仰功莫量，上愿圣君寿无疆。"

至正乙未，庐州、武昌二邸因失守，二王由太仓蹈海之燕。昆山士人易九成有《赋感遇》二诗，其一云："两宫旄钺何其盛，来自庐州共武昌。广甸白云飞渺渺，大江黄鹤去茫茫。灵妃旋旆神镫见，龙女吹笙水殿凉。八月滦河回像驾，愿劳太子奏多方。"其二云："东南六月多炎暑，远道何为太子来。宫旆拂云何地出，楼船入海几时回。沧溟渤海鱼龙混，锦里江山草木哀。田野布衣空有赋，莫凭徐氏问蓬莱。"此诗本为二王道经太仓而作，然又自注云"元氏诸王皆曰太子"。观此，则元时名分之不正，概可知矣。

"诸番之国南海阴，岛居卉服侏僫音。雕足椎髻金凿龂，犷骜如兽那可驯。巨艘万斛樯林林，夏秋之间来自南。象犀翠羽珠贝金，苏合薰陆及水沈。三边扰攘兴甲兵。梯航梗阻民弗宁，重臣分阃号令申。殊方慕义相附亲，呵叱鲛鳄驱鲲鲸。海不扬波如砥平，娄东太仓吴要津。襟带闽粤控蛮荆，贾胡夷蜑贡赍琛。关讯互市十一征，抚绥覆育德泽深"云云。此袁华子英《送市舶官诗》语也，读之，可以想见当时之风景，故志之。

永乐二十二年八月十五日，诏书内一款云"下西洋诸番等国宝船悉停止，如已在福建、太仓等处安泊者，俱回南京"云云。

永乐七年己丑，太宗文皇帝命太监郑和、王景弘等，统领官兵二万七千有奇，驾海船二十八艘，赍奉诏旨，往赏东南濒海诸番，以通西洋。是岁九月，自太仓刘家港开船，回日仍于此处住泊，故诏旨云然也。

永乐间，海溢，坍没堤岸。起扬之海门，历通太，北至盐城，凡八百里。平江伯陈瑄，奉命以四十万卒修之。航海至者，茫洋莫知所停泊，往往胶浅。公于太仓相可泊处，以二十万卒，筑高丘二十丈，延亘十里为表识，众便之，称宝山。事闻，上亲制文树碑焉。按：宝山去刘家港若干里，今太仓卫军人差遣，尚有守瞭宝山台之名。旧传宝山为下西洋而筑，误也。

宣德八年正月，太仓二十七保获白雁二。不数日，复得白鹊一，皆莹洁如雪，里人以为瑞，遂献于朝。

正统间，太仓有二人，各兼男女体，人谓之二形子。

景泰初，太仓朱胜三妻一产三男。天顺间，龚氏女一产三男。

昆山州迁学废，惟大成殿岿然独存，望气者以为太仓当复兴。以今观之，新州当立之兆也。

永乐五年，会议得北京合用粮饷，虽本处岁有该征税粮及屯田子粒，并黄河一路漕运，然未能周急，藉海运然后足用。见在海船数少，每岁装运不过五六十万石，且未设衙门专领，事不归一，莫若于苏州之太仓，专设海道都转运使司，设左右运使各一员，正三品；同知二员，从三品；副使四员，从四品；经历司照磨所品级官吏，俱照布政司例。本司堂上官，于文武中择公勤廉干者，以充其职。行移与布政司同。各处卫所见有海船，并出海军，俱属提调，以时检点，如法整治。奏上，太宗文皇帝有再议之旨，不可行。出陆式斋《菽园杂记》及《运河志》[一]。

考　　证

殷强斋，世居太仓，家在武陵桥下。其文集有云：独吾叔驭道原公武、次泉潜夫居相近，志相同。杨廉夫又有《正月十日寄娄东吕郭二才子诗》，吕为仲夫，郭为翼，亦可考见诸公之为太仓人也。

《太仓志》[二]载："偰偰斯，高昌人。至正二十三年，来知州事。为政和平，凡境内忠贞、孝义之事，多所暴白。"又云："州又东徙，以偰斯上言而止。"夫张士诚以至正十六年据平江，州治复徙昆山，抑不知偰斯来知州事，何人所遣，而又不知上言止迁州者，上于何处？夫士诚归顺，得为太尉，获龙衣、御酒之赐，又贡粮京师，欲称吴王。又复请命，是知命吏决事，亦皆出于朝廷。士诚于诸窃据中，犹为恭顺也。不许其称王，能禁群盗之自王、自帝乎？偰斯州政可观，今志不录者，州治既徙昆山，则自当于《昆山志》中录之为宜。

陆式斋云：郡志于太仓卫，即元之州。而季氏《志》[三]云：卫治即元之水军万户府。今按：蒋明《志》云：万户府在镇民桥东，其地属学。询之父老，其说为是。而昆山州碑额，在今人仓卫左千户所，亦可证也。然万户府立于至正止十三年，而州治迁西在十六年，岂始建于彼，而州迁之后复移于此欤？若然，则为今学宫者，乃初立之府，而为卫治者，非继州而府之者耶？

陆式斋云：《沈玄谷建学碑》云："查用纯以故宋文庙尚在，乃倡言具奏。"按前志，宋时未尝建学，安有文庙？盖一时笔误耳！其言徙旧庙于元之海道万户府，恐亦未然。

[一]　《运河志》亦作《吴江运河志》，史鉴撰。
[二]　今存世《太仓州志》以本志为最早，此处所引《太仓志》，可能是成稿于弘治元年的陆容撰《太仓志稿》。陆志未刻早佚，陆容自序今存后此诸志中。
[三]　明方鹏《昆山县志序》曰："国朝修昆志者三人，季《志》远矣，蒋不足征也，惟顾为近之，而太略焉。"方序所指，分别是季箴《昆山志》十八卷、蒋明《昆山志》和顾潜《弘治昆山县志》十四卷。

至正间，杨氏撰《州志》[一]，其载郡中公宇甚详，使海道万户府在太仓，岂得略之？卢氏《苏州志》[二]言"海道漕运万户府在郡城文德坊"，其所属昆山、嘉定等五千户所，皆在乔司空巷内，不闻建设各县也。《昆山新志》言：今儒学即水军万户府，盖水军之设不久而废，其后伪同金吕珍尝就此居之，岂珍亦尝官海漕而人犹袭其名欤？抑水军府未设之前，此地尝为某万户之私第欤？

陆式斋云：《昆山志》：太仓北港旧有沧江风月楼，马公振题咏太仓景物目曰《沧江八景》，如太白诗云"石头巉岩如虎踞，凌波欲遇沧江去"，金陵作也；少陵诗云"一卧沧江惊岁晚"，夔府作也；半山诗云"沧江天外落"，赏心亭景也；涪翁诗云"沧江夜半虹贯月"，盖指米芾淮间发遣时舸也。观此，则沧江不得为太仓之专称，明矣。

五冈有名"归胡"者。李侯云："里名胜母，墨子回车，虽一冈之微，以'归胡'为名，其可乎哉？"因改"胡"为"吴"，音相近而义不同，深为有理，今从之。

〔一〕 即杨譓《昆山郡志》。
〔二〕 即卢熊《洪武苏州府志》五十卷。

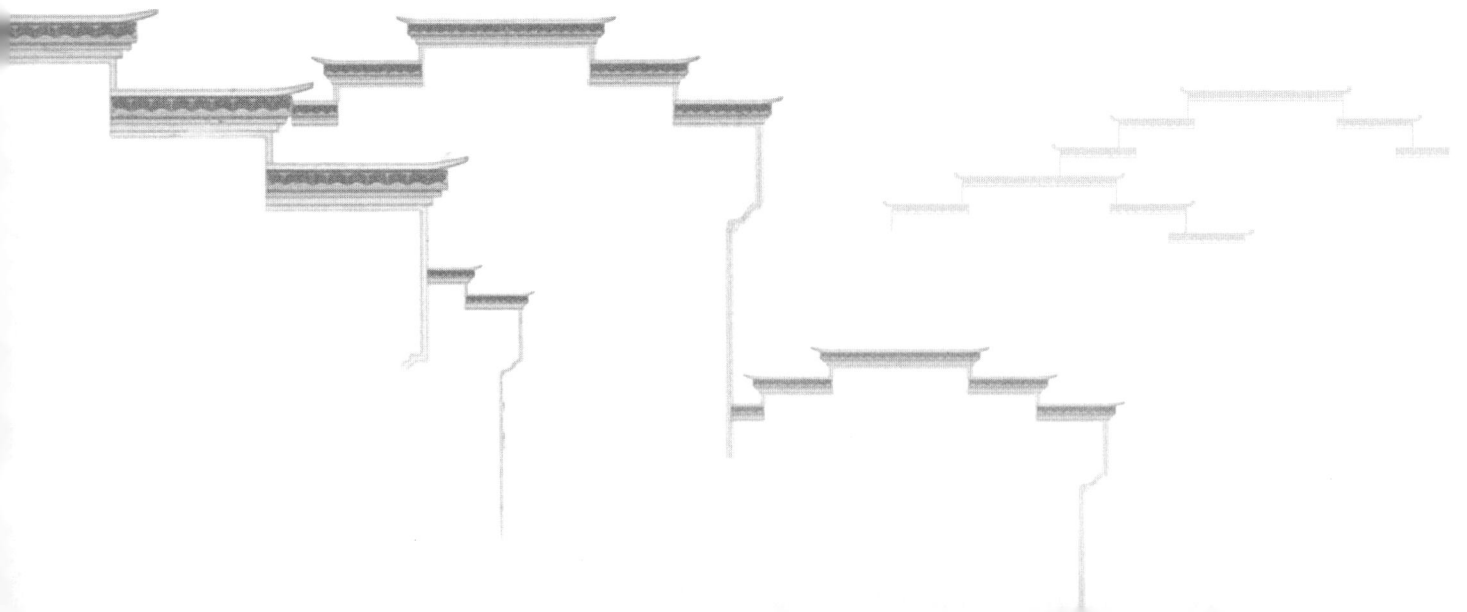

太仓州志卷之十上

太仓州志卷之十上

诗　文

悦观华国以文，一方无文，清者为泥，秀者为灰，广夏华居，化为草扉，隔以百里，远以几时，人存人亡，皆莫之知。佳物减韵度，美景铲光辉。苟值其人，天地悉笼，随物赋形。坚波涛以成体，韵岩谷以腾声。正如山得仙以名，水得龙以灵。篇章可少之耶？东仓大方，文士经行。嘲风咏月，兼金夹琼。弗克采取，众宝沈零。爰聚成帙，灿烂毕呈。一州人物，益价万龄。述诗文。

诗颂附

镇洋山颂[一]

巍乎高哉，维兹镇洋。三峰拔秀，五岳献祥。一箦之土，一拳之石。积之累之，成此茂绩。卓哉李侯，出计孔奇。夸娥巨灵，天实相之。镇我海陬，固我地轴。壮我一州，登我百谷。路不拾遗，海不扬波。四境奠安，所藉者多。山形其窿，山势其陡。龙盘虎伏，鬼护神守。巉巉岩岩，苍苍茫茫。有玉可韫[二]，有豹可藏。纤纤徐徐，盘盘曲曲。路转峰回，深奥幽独。旁栽佳树，杂植名花[三]。恩流雨露，秀发烟霞。云气结构，岚光濒洞。韩诗状态[四]，诸或兼共。侯维公余，委蛇徜徉。一跻其巅，俯观四方。民有颠连，举有侯目[五]。照破穷阴，侯心似烛。思玄桑子，文章大家。为侯纪功，上磨其崖。小子昭甫，目击斯盛。歌颂攸宜，芜词罔称。投之山灵，侯德用昭。地久

〔一〕据《嘉靖太仓州志》卷一《建置沿革》知，此赋乃"隐士陆晨昭甫"作。
〔二〕《嘉靖太仓州志》卷一《建置沿革》作"蕴"。
〔三〕《嘉靖太仓州志》卷一《建置沿革》作"幽花"。
〔四〕《嘉靖太仓州志》卷一《建置沿革》作"态状"。
〔五〕《嘉靖太仓州志》卷一《建置沿革》作"举在侯目"。

天长，山无动摇。

题镇洋山

沈　周

水汇风冲海渺茫，新州东压示雄强。白滔万里登临近，青并三山指顾长。
岁久鱼龙扶地轴，春深草树发天香。邦侯卜筑功成后，从此波涛不敢狂。

沧江八景

马　麐

西寺晚钟

楼观参差映落晖，数声敲罢客应归。山僧贪看长松树，犹自哦诗坐翠微。

古塘秋月

钱塘东去海潮生，吴浦西来舟自横。十里金波秋浩荡，流光直到阖闾城。

半泾潮生

渔船商舶喜通津，挝鼓椎牛祀海神。风色趁潮波浪急，扁舟愁煞渡江人。

淮云雪霁

璚林珠树绝氛埃，鸾鹤群飞去复回。望见淮南江上月，白云深处有楼台。

娄江馈饷

海波不动绝奔鲸，万斛龙骧一叶轻。三月开洋春正好，南风十日到神京。

岳麓晴烟

长林日出青山近，碧瓦朱甍切太霞。郁郁苍松环翠黛，晴烟长绕玉皇家。

武陵市舍

溪头不种桃花树，商贾年年桥上多。昨日扁舟风雨过，无人肯著钓鱼蓑。

吴浦归帆

一帆风便出吴城，只怕沙湖风浪生。野鸭断边初系缆，西山月出正潮平。

太仓十景 有序

高宗本

娄江古渡

太仓城南三里许，有水名张泾，南界嘉定，北即太仓古路，柳塘花坞，栉比鳞次，渔歌牧唱，远近相和。而舣岸待潮之舟，不可胜计。

水国兼葭野渡头，短桥柔橹荡轻舟。鸦归远墅枫林晚，人立平沙蔓草秋。

跛相乘时终转祸，书生击楫未忘忧。鹤汀凫渚潮来去，洗尽人间万古愁。

沧海洪波

太仓城南不一舍，即东海洪波，浩荡无津涯。昔之海运船、西洋货船，今之备倭哨船，皆出没于此。

六鳌吹雨涨鸿蒙，万派全归一气中。抟击鹍鹏天上下，荡摇乌兔日西东。

神鞭血洒危桥石，番估船回曲岸风。不远蓬壶是仙境，几时青鸟为相通。

玉峰霁雪

太仓城西一舍许，有山曰马鞍，上产奇石，因名玉峰。雪后远眺，则苍崖翠壁，间以白玉，惟佛塔一柱，上凌青霄。景之清绝，莫过于此。

峭壁凝云鸟不飞，忍寒回首思依依。禅宫路阻昙花密，仙洞天垂玉树稀。

返棹自缘思故旧，扣门谁肯顾寒微。千年宝塔晴光好，我欲凌风一振衣。

宝山晴云

杨文贞公《序平江侯陈恭襄公神道碑》曰：有航海至者，茫洋莫知所停泊，往往胶浅。公于太仓相可泊处，以二十万卒筑宝山为表识。上亲制文树碑焉。今宝山在太仓城东南一舍余，草木苍翠。每天气晴明，云气郁勃。无远近皆可得而见，宜航海者藉以为表识也。

驰驱万卒一山成，宝塔含辉云自生。隐约壶天浮瑞彩，依微海市弄新晴。

从龙目骇番船客，捧日欢腾水寨兵。珍重吾皇洒宸翰，千年草木被光荣。

东亭柳月

太仓城东门外二里许，曰半泾，水阔二三里，上通娄江，东入于海。海诉时，请海侯吴祯于此构亭，人皆呼为亭子头。亭之四围，高柳扶疏。每残月挂梢，荒鸡三唱，则东乡之民担负就市者毕集亭下。有顷，日出，各散去。盖东门总路，近时垄断尤多。

城东疏柳一亭幽，夜静长悬月半钩。野色苍凉霞彩散，鸡声杳渺曙光流。

乡民弛担论新苎，估客乘潮放短舟。记得元戎曾驻马，帆樯一路拥貔貅。

西馆风帆

太仓城西门外三里许，旧有海宁驿。正统初年，驿移置马鞍山之阳，后人即旧址构屋为馆，以便迎送，号曰西馆。凡船将行，帆于此而张；将泊，帆于此而落。然无风则不帆，大风则又不帆。平风静浪，则无船而不帆，此娄江一美观也。

榆柳风轻客馆幽，帆樯不断往来舟。岂因弹铗伤离思，可是寻诗学壮游。

寒雨一江迷去雁，夕阳千里带飞鸥。旧时多少登瀛客，为此凋零半白头。

南仓烟草

太仓城南有海运仓，人皆以南仓呼之。永乐初年，贮米数百万石，浙江等处起运秋粮皆赴焉，故天下之仓，此为最盛。后罢海运，遂废。今荒墟矣。

百万当年海运仓，可堪风雨变荒凉。雕甍接栋春何在，野草含烟绿更长。

戍鼓声干逃雉兔，征旗影落下牛羊。元戎功业难为继，独对寒潮酹一觞。

北郭霜枫

太仓城北门外，冈陇绵亘数十里，其最险绝者抛沙墩，卜葬者皆于此焉。高坟大冢，不知其几。苍松翠柏，随地而茂。人或以比之北邙，盖有谓焉。

鬼窟松杉径路斜，青枫烟火野人家。离离岁晚经霜叶，灼灼春初冒雨花。

摇落挽回千里目，玲珑泛起一川霞。无边好景难收拾，独对斜阳数暮鸦。

学宫巢鹳

太仓北门内元昆山州学废，惟大成殿巍然独存。望气者以为太仓文运当再兴。正统初年，置卫学，巡抚侍郎双崖周公忱，乃撤旧殿改造焉。殿成，鹳雀乃巢。若其年巢于殿西吻，则西斋有中举者。若巢于殿东吻，则东斋亦然。迨今亦然，竟不晓其何理也。

殿头鸱吻碍飞云，鹳雀危巢翳紫氛。刷羽自矜霜猎猎，调声欲诉雨纷纷。

彤庭有分随鹓侣，水泽无心伴鹤群。见说关西讲堂在，可应衔鳣为斯文。

刘港潮头

太仓城东有刘家港，盖即古娄江，吴音讹以为娄耳。四时之潮，长落皆自此。惟八月中秋四五日潮，平地涌起十余丈，雪山横江，雷霆震天，变怪百出，如钱塘然。倾城士女皆聚观，谓之看潮头。尝有道人舟次昆山，语人曰"潮过维亭出状元"，不久，潮果上维亭，黄由、卫泾遂相继大魁天下。国朝，施槃、吴宽亦相继魁天下，皆应潮谶。盖海口去维亭一百三十里，潮至此而平，非有大潮，则不能过，过此则状元之兆也。

百万鲸鳌出海奔，潮头汹涌大江浑。雪山平地涌云起，银浪滔天蔽日昏。

鳅鳖尚含鸩女恨，鸱夷不散楚忠魂。年来又过维亭上，奎壁谁应受主恩。

过镇海城

夏元吉

晓发昆山邑，宵过镇海城。潮声两岸响，月色半篷明。

王事未能盬，舟程敢暂停。沙头鸥与鹭，稳睡莫猜惊。

娄城晚眺

张　泰

高城一望思茫茫，潮转娄江入海长。边境到今非汉县，古仓何处积吴粮。

鸥栖浅渚寒芦净，雁落平畴晚稻香。野水闲云吟不尽，玉峰西面下斜阳。

娄江夜泊

陈　仲

古娄江上浪掀空，万斛楼船苇叶同。蜃气嘘洋掩明月，龙雨度淮乘疾风。

原宪蓬居舒一笑，杜陵茅屋卷三重。鸡鸣朝起寂无事，海上日高千丈红。

重过太仓

桑　琳

百里娄江路，重来不计年。山横城郭外，水绕市门前。

远近楸梧冢，高低禾黍田。马头通六国，曾泊岛夷船。

娄城元夕

陆　昺

宝马香车处处逢，暗尘和露滚东风。月华低映千门白，镫火遥分十里红。

鳌背驾山来海上，仙人飞佩下云中。欢游制作清平曲，欲献蓬莱第一宫。

太仓古迹甚多，词林士大夫题咏殆尽，予拾其遗，为补数首

桑　悦

宋平江节制司酒库

唐虞春意在一壶，我尝数杯丧真吾。瞢腾卧倒安乐窝，洛阳邂逅逢尧夫。记询濂溪太极图，云胡先生议赞无。却褒子云天为徒，邵子云：扬雄可谓见天地之心者也。先生回言且婆娑。虚空形状难描摹，携手共饮黄公垆。侑觞自唱浩浩歌，觉来余酣嗽九河。天地絪缊同太和，幸逢圣世免榷酤。买醉止用三青蚨，又因醉梦验工夫，笑看酒库生秋芜。

沧江风月楼相传杨铁崖张伯雨俱饮其上

沧江风月真无边，常伴楼中歌舞筵。炎热生凉昼作夜，况有巨浸横檐前。当时

嘲弄尽才子，梦落江边载酒船。盐伧烈焰万室毁，一段光景成灰烟。封姨羿后真神仙，入火似濯清泠泉。尔还绕地鼓万物，我自随日行中天。楼基亦不随劫坏，春泥烂醉成糟田。繁华阅世岂能久，千古赢得虚名传。至今北巷犹管弦，啼莺声断号寒蝉。

朱清花园

朱郎天锡鱼龙器，来往三溟若平地。家园万卉斗芳菲，又把春光作儿戏。一道威权掌握中，更有余力驱天公。伊祈常在朱门内，妆点浅白并深红。曲曲栏杆张翠幕，啼鸟歌声杂丝竹。左丞事业岂平泉，巨盗根基类金谷。石崇少时亦劫商致富。谁知乐极生悲酸，白饭为蠡鼠戴冠。《晋书》石崇将败，饭化为蠡。《汉书》霍光之家将籍时，夜恒见鼠戴冠而出。繁华尽逐浮云散，圜扉叶落霜风寒。可怪名花真势利，东家倾覆西家去。我心爱草同濂溪，焉往不得萋萋处。

海运总兵公馆

元戎旌节驻幽亭，泛海驰驱十万兵。筹画迷津并浅角，只销帏幄了三溟。

雪履操并序
杨维桢

娄有隐君子郭翼氏，极清而贫，贫极而乐者也。以东郭先生故事，命其所居斋曰雪履。惟东郭子之贫与履宜，履之破与雪宜。其履也，非不能华以朱以悦诸侯，神以符以跪孺子，而东郭不屑也。方积雪封白，而曳之以歌商声，商声满天地，不知曾氏之乐与君乐有间乎否？会稽东维叟过娄，首抵其斋，为作操一解，俾琴以歌之。辞曰：

雪之履兮，履吾趾兮。履之雪兮，雪吾洁兮。履吾纳趺兮，曷华以朱。履吾脱苴兮，曷跪以符。彼径之捷兮，履则跆兮。彼阁之投兮，履则羞兮。不如子兮，雪不痴兮。履不踖兮，允贞白兮。

芝秀轩辞有序
杨维桢

东仓马君瑞，以芝秀名轩。虞学士为书其扁，李著作为之记。复求歌诗于予，故为骚辞四章。

紫芝兮煌煌，罗生兮满堂。紫云菌兮如盖，露湛湛兮沐芳。美夫人兮贤姱，集灵瑞兮未央。

芝何为兮为秀，匪植以生兮，匪培以茂。协中和以华兮，食之而寿。

山嵯峨兮谷逶迤，歌紫芝兮吹参差。怀美人兮不可以追。

铁之泾兮风之沼，思君子兮善窈窕。善窈窕兮乐康，聊逍遥兮岁年老。

悦按：郭义仲之为名人，固不待言。观芝秀轩辞，则知马君瑞所交，皆一时名士。则其为人可知矣。所以义仲与顾仲瑛论修《昆山志》书，亦举其大雅可传，因记其大略如此。使后之续志者，或有所考，或别访其事实而增立其传云。

朱节妇

袁 华

节妇茅氏女，嫁为朱虎妻。主馈事尊章，婉娩年方笄。

夫官水衡府，舅长大司农。饷馈转渤澥，功与鄮侯齐。

厮养纡青紫，第宅切云霓。天道恶盈满，谗言致勃溪。

舅既被囹圄，夫亦为孤累。节妇投入官，诏赐提点师。

衣袂结两儿，昼夜呱呱啼。义不负所天，矢死心弗移。

抗志厉节操，师亦兴嗟咨。漕侯卯金刀，拙庵比丘尼。

仗义出金帛，以赎节妇归。幸脱虎狼口，寄食居招提。

仰望浮云驰，目送孤鸿飞。俯视齠齓子，良人渺何之。

百感集中肠，形与神俱疲。为妇当死节，为将当死绥。

一病竟不起，孤魂邈无依。槥椟自京邑，归葬娄江涯。

孝哉犹子谦，具词呈有司。移文卜台省，进表对丹墀。

譬彼曹令女，夫死身诛夷。勇烈虽少异，操行岂相违。

请录付史馆，敦俗叙民彝。制可出鸿恩，甄表发潜辉。

荏苒三十年，荒坟草离离。日夕下牛羊，芜没少人知。

傥侯古循吏，为善日孳孳。大书刻华表，柱石双巍巍。

朽骨怀深恩，岂独邦人思。感慨成五绝，纪实非予私。

周烈妇

谢应芳

陈君手持烈妇碑，劝我为作烈妇歌。人生自古孰无死，烈妇之死名不磨。

本是东仓小家女，粉黛不施容自妩。父怜母惜忍违离，纳婿于家半年许。

阿爷从军气颇粗，欲杀不义奔京都。手持芒刃机不密，身落祸坑家乃屠。

绣衣郎君元帅子，少年绝爱倾城美。愿言携手与同归，即免枭首尸诸市。

郎君满屋堆黄金，安知难买烈妇心。耳边言逐飘风过，腹内怨含沧海深。

骂声不绝郎君怒，马上挥刀斫头去。双鸾羞睹青铜镜，全家甘赴黄泉路。

娟娟肌体娇如雪，烈烈肝肠坚似铁。一团冤血注娄江，至今流水声呜咽。

男儿读书峨冠巾，偷生或忍忘君亲。奴颜婢膝曳朱紫，得不愧此裙钗人。

呜呼！得不愧此裙钗人！

曹节妇
王达善

夫死西江外，妾居东海边。秋灯成独守，夜月不同圆。

一室生涯淡，清风节操全。信知天有报，家业赖儿传。

顾烈女
龚诩

不肯偷生愿杀身，死余方信此情真。谁知太华高名节，却属闾阎小女人。

已了一生心不愧，永传千载气常伸。世间多少男儿辈，尚负忠君与孝亲。

完节诗 为陆节妇作
陈献章

不改冰霜节，深闺有令名。旌书耀闾里，事体重朝廷。

刘向他时意，胡笳到处声。赋诗谅无补，无计谢深情。

又
桑悦

良人已没心先死，留得形骸为儿子。抚躬吊影五十年，藜汁餐来淡如水。玉玺堕井井不冰，白虹贯天阴雨晴。太山之阿独干竹，岁寒一气常青青。担负乾坤惟此节，潜役鬼神行日月。高堂清风永不灭，万象无言暗流血。圣祚绵绵百世长，亦将何物扶纲常。旌门有典降寒谷，死灰练练生辉光。天人相感非相期，慎独宁求天下知。剔镫事业有谁见，千古人看全节诗。

正月十日寄娄东吕郭二才子

杨廉夫

东风入户已十日，江上可人殊未来。西吕小书钩铁锁，东郭新诗到玉台。
向人好月垂垂满，绕屋名花故故开。多情分付东流水，桃叶桃根共载回。

赠南沙传神张彦才

杨廉夫

玉龙倒挂青天阁，大珠小珠光凿凿。蓬莱一夜月荒凉，美人不来清泪落。

又

张恕

彦也多才能，写神笔法不减曹将军。凌烟功臣使之写，亦可一一摹其真。频年挟术游京国，曾染丹青绘黄屋。金城兰若笔如霜，运笔光光夺人目。或时著意写公卿，神彩精英人共惊。筐筐金帛不足惠，惟愿海内驰其名。归来坐爱吴山色，百斛烟螺扫秋碧。太守相迎别驾邀，一像才成玉双璧。从兹赫然声价高，不写寻常市井豪。鹅溪雪练束高阁，经岁何曾染一毫。今年我作南沙客，樽酒相逢郁君宅。染毫为我写衰容，两颊苍然头雪白。我非燕颔与虎头，安得挂印能封侯。又无鸢肩与火色，安得飞腾如马周。半生读书栖畎亩，作县三年禄升斗。于今又复放归田，转觉形容增老丑。君今写我何足奇，去写虞廷龙与夔。岂无贤良在版筑，正宜图访致雍熙。我今七十少三载，假使数年形复改。不如写我方寸中，百炼黄金色长在。

赠郭羲仲

谢应芳

霜骨棱棱七尺躯，昂然独鹤睨群雏。门前问字客携酒，船上乞诗人送珠。
山色隔帘云缥缈，梅花绕屋雪模糊。别来岁晚遥相忆，愁绝荒江夜月孤。

答马公振见寄

谢应芳

芳草萋萋春复春，桃花应笑未归人。数椽矮屋清溪曲，一个扁舟绿柳津。
且与往来乘款段，从教图画上麒麟。老妻颇胜刘伶妇，不惜春衣典酒频。

寄卢熊兼问殷孝伯

谢应芳

忆言两别去途难，喜得荣归旧谷盘。郡乘手挥狐史笔，斋居头戴鹿皮冠。
草生林馆皆书带，竹老溪园可钓竿。为问咸阳殷博士，有无书札到平安。

吕明远昆仲席间谈太仓张文翔

张　泰

尊酒余欢见二难，布衣前辈座谈间。欧阳楷法今谁妙，张翼才情不自悭。
险语侯门风动地，悲歌吴塞雪漫山。得归江海应无恨，我为奇人一怆颜。

送桑民怿之任泰和司训

李东阳

十年三度战京闱，亲见声名满帝畿。科第屡惭唐李郃，奇才终误宋刘几。
功名岁晚非蓬鬓，湖海官贫尚布衣。试看苍鹰下林薄，壮心还向碧天飞。

又

丁　镛

茫茫尘海任西东，文字当为八代宗。人在古今原有数，名浮天地定无穷。
澄澄扬子波中月，飒飒匡庐顶上风。四海苍生何命薄，不应江汉有潜龙。

淮云寺

赵子昂

淮云三十里，见者以为奇。而况于淮云，远被浙水湄。
其上耸楼观，丹碧何绚丽。子孙有如云，咸能嗣厥事。
老我作是诗，刊之于乐石。庶尔保令名，照映沧江色。

淮云精舍言怀二首

张　淮

幽独卧禅林，经年辍醉吟。久知书可读，不耐病相寻。
鸣鸟夜还曙，落花春又深。余生凭药饵，更敢问朝簪。

年年春不改，风雨是花时。弱叶终遮树，鲜英且附枝。

屏心居对景，随意步临池。聊用忘吾病，忧中一较诗。

登淮云毗罗阁

陆 泉

危楼高出白云层，拂袖闲来试一凭。红叶城楼闻断角，夕阳溪路见归僧。

地偏不著尘埃气，心远应超大小乘。安得吟边添两翼，九重霄汉快飞腾。

海宁寺留题

陆 泉

一泓秋水照灵台，清澈原无半点埃。白玉河边飞锡下，黄金界里住山来。

□云仙鹿当阶卧，香雨昙花满院开。祝罢吾皇万年寿，海天红日上蓬莱。

游普济寺

陆 泉

竹扉篱径占清幽，况复能诗有贯休。自笑已捐身外念，不妨长作社中游。

一帘花气晴犹湿，满地松阴暝不收。闲话浮生因坐久，孤钟遥起夕阳楼。

天妃宫留题

陈 蒙

玉殿玲珑妥圣妃，海洋楼橹悉皈依。日临华盖明金榜，云入珠帘护宝衣。

雉扇欲随双凤舞，鱼轩曾从六龙飞。凌风环佩游何处，昨夜岨山梦雨归。

天妃宫行

倪 谦

神仙家住蓬莱岛，风景清幽四时好。玉花琪树紫烟生，十二楼台卿云绕。

扶桑日出唱金鸡，月明沧海来青鸟。不知寒暑换春秋，一任阴阳送昏晓。

古木参天有凤栖，落花满地无人扫。此中随意乐优游，物外无心事机巧。

世间万虑总相忘，自是后天长不老。几度曾餐王母桃，于今再食安期枣。

兴来一曲奏霓裳，飘飘仙乐知音少。我亦三山会里人，尘事羁縻未能了。

矫首仙乡东海东，弱水悠悠数峰小。会当跨鹤御清风，还访蓬莱拾瑶草。

次韵倪尚书天妃宫行
陆 棻

海门一水连三岛，玄宫独数灵慈好。文皇在御赐褒崇，金额煌煌彩云绕。
苍松树古偃虬龙，翠竹丛深栖凤鸟。洒然可有仙人居，层城十二清风晓。
洞天深锁碧窗寒，满地落花香不扫。一山高叠青峨峨，玲珑妙夺天公巧。
羽仙双瞳秋水光，遐龄直与天地老。金母曾分似盘桃，安期尝啖如瓜枣。
我亦玉皇香案吏，胸次廓落机心少。锦袍天上承恩归，自喜平生事应了。
培塿西窥泰华卑，杯盂东视沧溟小。何时同醉碧桃春，浩歌一曲眠芳草。

送杨炼师归太仓住持天妃宫
刘 吉

吾闻太仓天妃宫，乃在三泖之北、昆山之东，穹楼杰阁倚霄汉，绣户珠帘云雾中。其内何所有？景物佳且秾，四时瑶草带春色，千年白鹤栖寒松；其外何所见？海气常蒙蒙，半夜晨鸡犹未鸣，下视扶桑初日红。仙人广成子，挟彼双玉童。飘流来遁迹，飙驾驱虬龙。伟哉杨炼师，赋性敏且聪。丹砂宝诀得口授，紫河车挽能心通。果然颜色桃李花，两袖轻举如飞鸿。朅来赴神京，周游八极空。稽首谢玉帝，微生荷帡幪。爰归海峤祝圣寿，千载万载无终穷。惟时蓟门霜乍寒，白云红叶映远峰。邮亭别我一长揖，鸾驭南去心雍雍。我思尘鞅不可留，金光琼蕊无由逢。何时脱屣世间事，相往蓬阆探奇踪。

宿平江侯祠怀恩道房留题祠在天妃宫中
桑 悦

此身终老白云乡，暂息怀恩羽士房。老桧笼烟呈古画，丛蕉滴雨奏清商。
三通法界无声鼓，一瓣平江不尽香。物外尊罍忘醉醒，圜中炉灶立圆方。
心闲自觉红尘远，门掩方知白昼长。月子刚风常坐御，灵均正气孰分尝。
岷山神去空遗寝，蓬岛仙归有影堂。还约吹笙王子晋，碧天明月共徜徉。

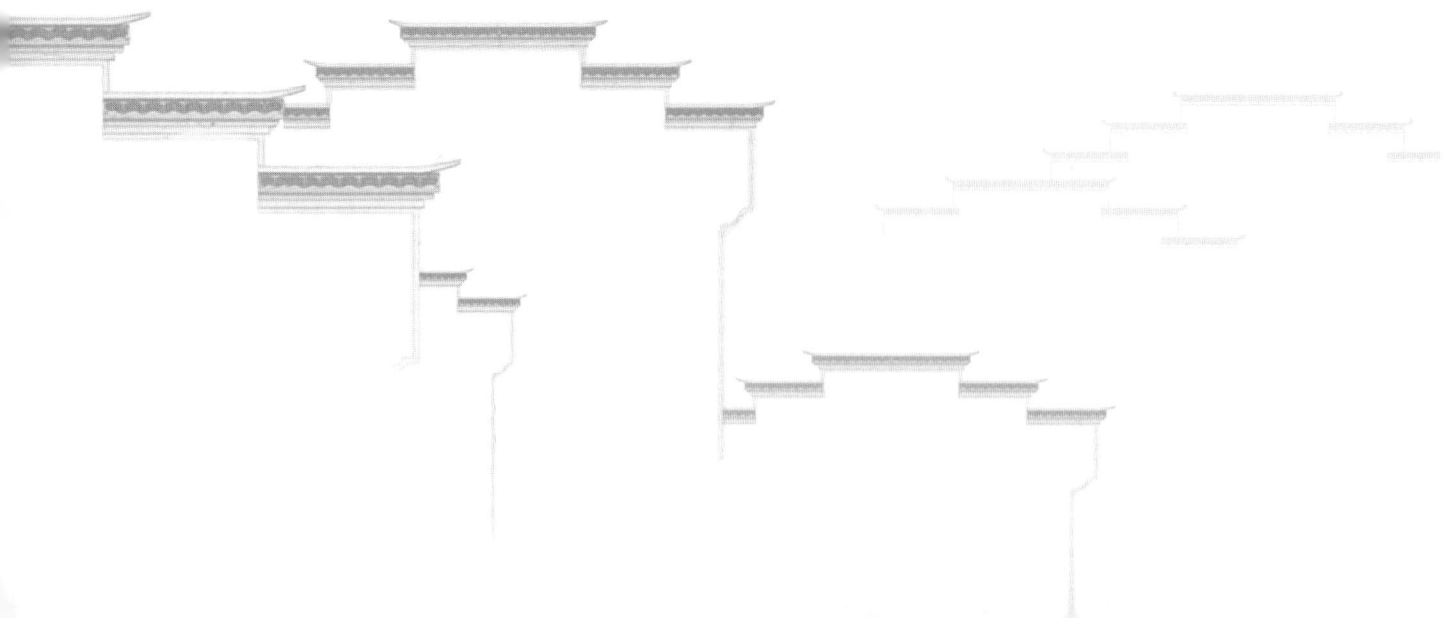

太仓州志卷之十下

太仓州志卷十下

文

镇洋山记

桑 悦

孔子曰"譬如为山"[一]，《传》曰"丘陵学山，然则山犹可为可学者欤？"太仓前横娄江，东接巨海。元至正十九年[二]，宣慰朱清、张瑄于此通海漕，兼市易海番，遂成华市。延祐元年，以昆山州治徙之于此。后因海盗陆梁州复移昆山。我朝吴元年，立太仓卫。洪武十二年，分卫镇海[三]，并治一城。荷戈与操末者游居岁久，芒顿弗伦，怯膏喂强。弘治十年，巡抚右都御史朱公瑄奏闻，欲割昆山、常熟、嘉定三邑地之切近太仓者，立为州，以扶抑之。上曰："俞。"庙议佥曰："骜悍欲敛，跅弛欲绳。缠纽欲画[四]，齑裕展拓。克胜厥任者，毋虑屈一人以伸全州。"人咸以湖广之枣阳李侯端，[五]以学行名于时，登黄甲[六]，官六察，平生直道而行，有忤权贵，久淹下僚，非斯人，弗克料理是州。其骥足又滞一方，混同众寡，算利害，不足为侯惜。乃推侯为州守。

侯至任，经营百方，整齐州治，凡门堂、牢库、学校、坛宇之属，焕然一新。又念州中山寡，密迩巨浸，惟土足以胜水，效东坡治徐造黄楼意，遂于州后隙地，因陵为高，命典术瞿坤董功，采土筑为三峰，下连坡坂，点以奇石。山成，侯名之曰镇洋，盖欲兹山运神蓄灵，利如五兵之在库，险如长城之临鄙，威如宿将之坐帷幄，而凡浮泡微沫，足以瞩途扼屦，与夫鲸波陆飞、荡析民居之祸，永永其无有也。侯心真厚矣哉！

方为山之初，侯与予相其向址，告余曰："予欲于某处为山，山之上下植以锦卉，

〔一〕《吴都文萃续集》卷二十二《山水》此处尚有"又曰为山九仞"六字。
〔二〕《吴都文萃续集》卷二十二《山水》作"元之至元十九年"，《嘉靖太仓州志》卷一《建置沿革》作"胡元至元十九年"。
〔三〕《嘉靖太仓州志》卷一《建置沿革》作"分立镇海"。
〔四〕《嘉靖太仓州志》卷一《建置沿革》作"划"。
〔五〕《吴都文萃续集》卷二十二《山水》、《嘉靖太仓州志》卷一《建置沿革》此处尚有"素"字。
〔六〕《嘉靖太仓州志》卷四作"甲科"。

并后彫[一]难老之木，络以亭馆。公暇，与州士夫觞咏其间，论道古今，斟酌民瘼，不亦可乎？"予应之曰："侯廊庙之具，浮沈州县，多历年所。公道不泯，近司铨衡者举侯为四川监司，官名闻于上，不久将为图南之举，[二]王元之所谓'未知明年又在何处'者，侯能一日乐于兹山欤？"侯笑而不答。虽然己之与人，相为盛衰，草盛则衰谷，己盛则衰人，故为己千岁计者，则不为人一日计，计人于千岁者，则不计己于一日，理之必然者也。侯自为吏，持廉守公，信于老稚，已不待言。及治兹州，兴衰举废，立纲陈纪，恒如不及。至于重繁缨、惜饩羊，办一身以当是非毁誉之冲，凡百建立，恳恳然[三]若为其曾玄计者，正与为此山同，果望身享其乐耶？使凡为吏者，皆能克其为己之心，克之又克，驯至于无己，己无己，斯人皆己。如是则利与天下同乐，害与天下同忧。尧舜君民之道，有外是耶[四]？若侯者，亦可为不负于吏者矣！予旧常熟人，新徙名数于州，知侯心事为详[五]，因州判官、浙江之兰溪龚君[六]诏求予言，勒石以垂永久，遂为记其事如此。

呜呼！开州鼻祖，侯功不刊。州人后世，亦为美谈。曰犹望高子，可望是山。侯字表正。

重浚七鸦浦记[七]

姚文灏

东吴泄水之大道，三江之外，苏有三十六浦，松有八汇，常有运河、十四渎。然自海塘作于东南，而东江以塞，松江以微，水乃北折并于娄江，而溢于七鸦、白茆二浦，故今之七鸦、白茆在三十六浦为最巨而要。近日大司空徐公，受命治水，拳拳乎此者有以也。然而白茆海口，涨沙为梗，似非人力之可为变而通之，宜别有其道。

惟是七鸦独无他妨，且当阳城诸湖之冲，而入海又径可恃以为利也。但其间亦颇为村市居民所扼塞，水性未遂。余之有意于是也亦久矣，顾未有所储，不忍驱无食之民以就役。弘治九年，乃请于上，设导河夫于沿江。既又议收其直，随时募工。

〔一〕《吴都文萃续集》卷二十二《山水》、《嘉靖太仓州志》卷一《建置沿革》作"凋"。
〔二〕《吴都文萃续集》卷二十二《山水》、《嘉靖太仓州志》卷一《建置沿革》此处有"正"字。
〔三〕《吴都文萃续集》卷二十二《山水》无"然"字。
〔四〕《吴都文萃续集》卷二十二《山水》、《嘉靖太仓州志》卷一《建置沿革》作"哉"。
〔五〕《吴都文萃续集》卷二十二《山水》、《嘉靖太仓州志》卷一《建置沿革》作"最详"。
〔六〕《吴都文萃续集》卷二十二《山水》、《嘉靖太仓州志》卷一《建置沿革》作"龚侯"。
〔七〕《正德姑苏志》卷十《水》亦录此文，但略作删节。

十年冬，始以斯役询于通判陈昈、常熟知县杨子器、昆山知县张鼐，遂籍二县近浦之户，得二万二千三百人。疏自尤泾，东至木樨湾，凡五千五百九十丈可，旬有五日而成。计工受直，实用夫银五千二百七十两。上阔如旧，而深倍之。下辟直塘两涯市肆所侵，其阔倍旧。决放之日，众流奔注，而沙头围筑之处，日以崩颓，水益汹涌，郡人欢传。或有道余之绩者，然不知三子之劳也。

盖陈以职专水事，昼夜经理，虽监司以他务督趣，至被谴怒，不为去。杨则旧治昆山，素达水道之要害。而张又果于疏导之事，是以动顺而成易也。

成之日，陈以纪述为言，余曰："不足以烦作者。"乃自书其概如此云。

新建苏州府太仓州治碑

王　鏊〔一〕

又

桑　悦

凡事天蛰其机而人启之，天无为而无不为，人为而实无为。事若是成，犹纳履赤趾，衅裘粟肌，骋途之夷，应以车舆，人心恬愉，悠久允宜〔二〕。设若违天而行，强以智力为之。在人为赘疣，在木为寄生。人欲去之，惟恐不速也。果能坚凝于无期耶？天机之，人成之，人之所为，即天之为，故曰天无不为而人无为，天人合一之道也。

太仓一名东仓，在元时宣慰朱清、张瑄于此开创海漕，市民漕户云集，雾瀚烟火数里，久而外夷珍货棋置，户满万室。延祐元年，遂徙〔三〕昆山州治于此。十有六年，张士诚据吴，始筑城凿池，以御海寇。州治复移昆山。我朝吴元年，立太仓卫。洪武十有二年，分卫、镇海，并治一城。众议薄城内外，兵民糅居，岁久，脆劲〔四〕莫埒，当设镝键以为之防。又兵累岁荷戈，时屡乏饷〔五〕，或有庚癸之呼。且昆山之东陲、常熟之南维、嘉定之北隅，去邑稍远，艰于追呼，割其可弃〔六〕，合三为一，并以崇明为属，足为大州安民足兵，计不出此。弘治十年，巡抚右副都御史朱公瑄，遂以立州事奏闻。上曰："俞庙议！"佥曰："立州非艰，而成州维艰，易之在人。兹州之立，

<hr />

〔一〕　碑文原稿脱三面。
〔二〕　《嘉靖太仓州志》卷四《公署志》作"悠久永宜"。
〔三〕　《嘉靖太仓州志》卷四《公署志》作"徙"。
〔四〕　《嘉靖太仓州志》卷四《公署志》作"勃"。
〔五〕　《嘉靖太仓州志》卷四《公署志》作"餫"。
〔六〕　《嘉靖太仓州志》卷四《公署志》无"割其可弃"四字。

赖有新蔡曹公凤，由名进士〔一〕为才御史，出守于苏，清德重望。上总纲维，恢恢游刃。然下纬万目，条陈叶贯，匪人亦难料理，不可不精择其人。"已而台省科道，合推湖广之〔二〕枣阳李侯端登黄甲，官六察，平生劲气直节，闻于遐迩。因忤权贵，久屈下僚。维时宜大用，立州事重，非斯人，弗克荷负。为州择人，不为侯择官〔三〕。遂擢侯为州守。

先是，旧教场为州治〔四〕。侯至，若门堂、库狱、谯楼、廨宇，斩新建立，前砌大街，后筑土山，规模气象，堂堂翼翼。他如学校、桥梁、坛宇、公寓，整造无遗，宏丽州形，一洗众目。而侯平日纲纪修明，凡系州大体者，人为可缓，侯以为棘，力障颓波，必欲安流，以至调羹合暌，益坎铲堃，皆著为成法，足以垂示方来。凡若此者，刊落踪迹，离明莫施。州新大立，乃在于兹，是又民可使由而不能知也。侯既成州，朝野属望，去此回翔，大藩羽仪，天朝有日。于是，前鸿胪寺序班王君轼、义官郑余庆等，以侯劳勋吾州，不可言罄，当有纪述，以暴侯功。相率踵门求余文，勒石以垂永久。

予闻国初有望气者云，此州当复兴。乡宦高君宗本、陆君容，皆作为诗歌，以纪其实，不可诬也。然则上天立州之意已久，又何言哉！以气代言而已矣。侯今一新州治，非成天意欤？人心所在，天亦随之。州立之后，黄童白叟，辄辄熙熙，数所便益，咸以为晚。天心、人心并侯之心，混而为一，共成是州，其果偶然者耶？使侯为政不能安集三邑之民，共乐维新之化，其民一兴怀旧之心，则州犹未新也。新州云乎哉，虽然新之与旧，相为循环，千古在前，万古在后，兹州之新，为后之旧，苟继侯为政者，能鼓舞作兴新民之德，又兴废举坠，不替旧规，益光前烈，则州可常新也。是非侯之所望于同志者欤〔五〕？

夫州之成，朱公首功，曹公亲履，荒翳完州，在算山立。莫挠芘以竟事，功在不刊。同知麻城万君祥、通判定州李君浒、常熟县知县慈溪杨君子器，又同相址经画，其后复有同知怀安周君明、判官堂邑陈君玺、兰溪龚君诏、黄梅黄君谱、吏目安定杨君善，举能协相，克成厥功。若分董匠役，宣力执事，则义官王俊与余庆等，亦尝效劳其间，

〔一〕《嘉靖太仓州志》卷四《公署志》无"由名进士"四字。
〔二〕《嘉靖太仓州志》卷四《公署志》无："清德重望。上总纲维，恢恢游刃。然下纬万目，条陈叶贯，匪人亦难料理，不可不精择其人。已而台省科道，合推湖广之"诸字。
〔三〕《嘉靖太仓州志》卷四《公署志》无："维时宜大用，立州事重，非斯人，弗克荷负。为州择人，不为侯择官"诸字。
〔四〕《嘉靖太仓州志》卷四《公署志》无："先是，旧教场为州治"数字。下接："侯至，若门堂、库狱、廨宇、学校、桥梁、坛壝、公寓，整造无遗，皆著为成法，足以垂示方来。当有纪述，求余文，勒石以垂永久。"
〔五〕《嘉靖太仓州志》卷四《公署志》作"是非侯之所以望于后之同志者欤？"

理宜牵连书其姓名，用诏无斁〔一〕。

昆山州新学记

龚 璛

延祐改元三月，平江路昆山州移治于太仓，诏天下科举取士之初年也。有司聿新而未有学，朔望驰谒，旧学非便。是年冬，相台王侯安贞来守是州，大惧无以作人材而承上意，矧兹带江控海，商货之区，漕舟之津，既庶且富，莫先于教。州之士平江路学道书院山长王大年、处州路儒学教授杜熙、直学陶公甫、学宾陶正甫请各视其力，相与成之，不以烦公家。度地治所之北，远去阛阓，秀色疏达，创成大殿。傍翼两庑，前辟重门。像先圣先师，绘从祀诸贤。又范尊爵罍洗，且严庙制。鸠工偻功，费伙矣！侯曰："止。吾岂竭人力以树风化哉！州旧学岂不能偕迁于此？顾乡校不毁，因之以赢诸生，庶乎其并存也。学尝率钞以修旧，委米廪，则以钞起新学，且以纾众志。"而似〔二〕助缠至，讲堂、斋宇、直舍、仪门、庖廪之属，次第完美，通为屋五十余楹，置养士田一十顷有奇，士民竞至膏腴，源源而来未已，于是，称为一州之学。始于二年四月，迄于三年八月，教授锡山陆介任职，爰状颠末求记。璛以固陋，弗获辞。

谨按：吴之初，太伯端委以治周礼。至于仲雍，乃从其俗。春秋之世，遂为侵夺强暴之国。郡县以来，渐为乐土极。而国家休养之盛，虽僻左亦冲要。汉史载：海陵，吴太仓。江南亦有其地耶？牛聚走集，当为之谨庠序也久矣！况于州之既迁，刑政号令所自出，微学则何所本耶？夫五帝三王之传，开物成务之道，建学立师，独为儒者哉！前代失其统，明体达用者亦寡见为迂阔，舍此而他求，常不足以立治，敝而改图，往往复归于此，盖君臣、父子、夫妇、长幼、朋友之伦，仁义礼智之性，斯道也，所以直道而行也。君子小人莫不有学，本末先后、平实昭彻、卑浅薄近似，诚不得而与矣。皇上表《四书》而会《六经》，不特九州之内也。必使四海之外，凡有血气，率由于义理之中。明学术，正人心，建万世之太平，士生斯时，抑何幸也！昔之士，借曰未有以取之也，取之矣，士将何以待用乎？取其文，文浮于行，不可也。用其材，材充其德，可也。古之学者为己，成己所以成物也。人己之辨，善利之分，知此则科举非为利禄，而设学校又岂饮食课试而已哉！

侯由宰邑最，入郎省，周行直清，视邦选。侯明治要望于吾党甚厚。噫嘻！其亦

〔一〕 "夫州之成……用诏无斁"一段文字《嘉靖太仓州志》卷四《公署志》删节。
〔二〕 为"饮"之误。

兴于仁让矣乎？工费田亩，详于别珉，尚俾来者有考于斯。

重修昆山州学宫记

李孝光

教民者民从，治民者民讼，是以学校为重。三代之际，学校遍天下。《记》称：国有学，术有序，党有庠，家有塾，其大略可观矣。余尝考所谓校室之制，则塾也。即其所以督教之意，遂使田庐民氓皆尽躬行孝弟忠信之行，其效美矣。及秦进《诗》《书》不用，学校遂废。至汉孝武时，始复兴学。由汉以下，每一改邑，学辄随而弛顷，久而后复。我世祖皇帝初定天下，即使使东祀孔子，复延致鸿儒，大兴礼乐文章之事。民古为儒家，复其徭役。每诏下，首条学校，于是圣道章明、教化淳美，天子坐致太平之功，学校不废也。

昆山故大县，顷以户满一万，升为州后，徙治邑东仅一舍地，旧东仓也。既迁，有司作新学，其制务伙于旧，而来者弗察，浸久浸弛。至正四年春，今守王侯世杰来，见其芜秽弗治，曰："不教民无以为治，学废，教将安出矣！夫国家隆学校，所以树本教也。"首捐己俸，俾学掾孙士志兴修学宫，上者栋宇，下者步庑，靡不完美。又使州之士顾信善夫相与论，堂之北作新堂，以为弟子讲学问辨之地。守以时入学，则居于是，使论说所授于师者，以察其进否。又凿两池夹室之傍，中植莲花，是周子之所爱而为说以喻夫道者也。因名堂曰"益清"。

是岁学成，而余适至，入其境，见民有扶老携幼，望其邑而歌，问之而曰："前者为政者不我恤，故去之。日闻新守善养亲，又多善政，是能养民者也。吾故还耳！"余闻其言而叹曰："斯近于仁矣！能使其民亲游于其校。"士居校者称侯之美曰："仁而不懦，徭役节矣！动而不烦，田土泽矣！廉而不苛，盗攘息矣！"余曰："斯宽矣，能使民迁善。"余尝论之，夫民易治耳！道之仁而仁，道之让而让。设为学教校，使皆尽躬修孝弟忠信之行，古之制，其效亦无不著。观侯之于兴学善矣，又能以身先夫民，喻于仁，若亲父母，诚称国家之明制，庶几知教矣！昔鲁修泮宫而《鲁颂》作，重民彝也。余惟窃取其义以教民，辞曰：

句曲之东，其县惟娄。地大民伙，升次雄州。州既改作，民来如属。不敢则悍，乃作新学。学诚教首，吏暗弗察。浸久而弛，置若绵蕝。守入伏谒，顾瞻怵惕。俄而大起，栋隆且吉。相作新堂，使君弦诵。更进弟子，诚为礼颂。守谓弟子，力学自躬。毋苦征徭，恣求良朋。父兄圜观，欢喜忭舞。挽公之辔，愿公之所。昔我避徭，将子车下。今弦于宫，进豆陈俎。池水湜湜，菡萏其华。锦绅缟带，容色洒如。勖哉尔士，有敬毋怠。作室者谁，守世杰氏。

昆山州重修庙学记
上官震

钦惟圣朝，大一统治，尊崇儒术，命天下建学，立庙宇以祠圣贤，置师儒以育俊秀，厚米廪以养士类。于是圣人之道敷被远近。夫道不在明者行之，虽或暂有昏翳，弗能使其终于不行。盖君臣父子之懿，诗书礼乐之教，皆天理民彝，自然物有其则，而心有所同故也。

吴郡有属州曰昆山，其东一舍而远曰太仓，濒海通漕，商货辏集，民以富庶，视旧治过之。延祐间，奉诏徙治。惟是州庠未能随迁，相台王侯来守是州，存旧弗毁，更新创建，增养士之田，礼文学之士，彬彬文物于斯盛矣！厥后，蠹弊猬生，奸宄侵渔，经今廿有余载，教官屡阙，因循废弛，屏薄士人，礼乐弗举，弦诵蔑闻。

至元丙子六月，奉议大夫八资剌公以元勋世禄，由奉礼事为监州，三年政成，需代未至，而理民急务，益加以勤，适得专于提举。顾庙宇颓圮，士类凋落，乃率先郡僚，首捐己俸，命工度材，选吏督工，规画既定，百废具举，改建门垣，度甃庭砌，植杏有坛，采芹有亭，重修绘像，敬录遗士，济济衿佩，来游来歌。

嗟乎！仲尼之道，尧、舜、禹、汤、文、武之道，在天地间，明如日月，信如四时，确乎其不可易也。虽世有升降，而道〔一〕统未尝不续，行之则彝伦攸叙，舍之则人心愈危，向非斯道维持之，则蒸民之极，几不立矣！名教之功，于是为大观。夫释老异习，不啻霄壤。彼则琳宫梵宇，所在星列。其徒转相汲引，惟务兴崇。而吾儒学庙废坏，人才放失，恶乎宜乎？虽然世与道，未始不相须也，行之者在乎人而已。

方今圣王在位，学校育才，屡形诏旨。海内之气，清和咸理。虽海濒之邑，亦必选贤而抚字之。故是邑得公之来，崇学校，兴礼俗，养贤才，广教化，可谓德政兼举者矣。

震猥以庸疏，备员幕下，获睹盛事，故乐公之政有成，而为邑之士喜，因进诸生，告之曰："自今至于后日，宜益加格致诚正之功，以修其身而成其名，庶几不负贤侯之意，毋徒习荒以嬉，而贻愚不肖之讥。"诸生唯唯。遂毕其说，以为之记。

〔一〕 据缪荃孙《效勘记》补。

新建镇海太仓卫学记

张 益

正统改元之初，朝廷用兵部侍郎毗陵徐公晞言，凡天下卫所之附于郡县者，及武弁子弟，皆令就教于郡县之学。若其地居边裔，与郡县相远者，俾得建学立师如郡县之制。命既下，四方材武之士，莫不欢欣鼓舞，遣子入学。

惟是镇海、太仓二卫，同莅一城，在姑苏之境，去郡百余里，东西去嘉定、昆山二邑又各一舍许，乃上礼部，请以二卫并建一学，礼部以闻，诏许之。二卫官僚议欲建创，会其费亿万计，而莫知所措者，乃合辞白其事于巡抚侍郎周公忱。公曰："建学以教人，是吾职也。然必使其费不縻于官、不厉于民，然后为美。"先是，二卫兵士有傯民田以耕者，其常岁之租，当输远仓，而道里舟车之费，率与租额相等。公乃集众而谕之曰："吾将易尔远输近仓，使各省其舟车之费，以为建学之资，可乎？"众咸曰善。

于是，命所司收其输费，得米以石计，凡三千有奇。公喜曰："是足以有为矣！"乃度城之东南隅，得旧官第，为地若干亩，用加构筑。命太仓卫镇抚张赟、镇海卫百户王端、昆山县士民姜坝董其事，复命主簿何寅总督之工。出雇募力，各自效财以估易，所致皆良。

经始于正统之戊午秋，落成于己未春正月。其明伦堂则因官第之旧而加葺之，乃若大成殿、戟门、两庑，孝敬、忠义二斋，肖像之属，库庚、庖湢之所，皆从创制。及其成也，二卫子弟俊秀之来游者恒百余人。师有教授、训导，而训导罗英祖实首至焉。

赟等以为兹学之创建，皆周公张主以成之，恐岁月浸久，后之人或莫知之，遂相与谋，而征予之记。

於戏！学校之设，肇自古昔。文武一道，岂异习乎？洪惟圣明在上，广开庠序，务欲使四海九州，无一人不游于诗书礼乐之场，以敦笃孝弟忠信之行，而致夫雍熙泰和之治也。二卫俊秀，虽出于操戈擐铠之族，今也得依夫子之门墙，挟册以游，接席相讲，皆得以明夫修己治人之方，而不昧乎尊君亲上之义。他日举而用之，文事武备，无不得其宜矣。是盖圣天子教养之盛心也，可不知所自哉！

虽然，斯学之建，朝廷之恩厚矣。向非周公能钦承而致所区画之良，其学之成，能若是之易乎？周公之区画固良，苟非赟等能尽其力于下，则学虽建，其于殿堂斋舍百物所需，有若是之壮美而毕备乎？究其所以然，皆在于深体朝廷建学育才之盛意而克尽其心也。予故特为书之，使后之来者有所考焉。

镇海太仓卫学题名记

李 亨

天顺改元三月望旦，奉敕总督扬州等处备倭中军都督府都督佥事翁公绍宗，驻节谒文庙，进诸生，瞻见科第人物题于堂壁，为之语曰："贤俊登庸，国家盛事，置之何略？当宗太学，勒石以耀久远。"翼日，遂属镇海卫指挥使武政董其事，浃旬而告成。乃命书其名以悉之。夫卫学之设，往古所未有也。肇自正统之初，钦惟皇上嗣登大宝，典礼维新，首举军卫于郡县相远者，如其制，建学立师，以教武弁之适庶与营伍之俊秀，望成文武之才，以资任用。迄今于二十三年，岁大比，宾兴贤能，历科不乏。卫学非古所建，而古教大行。教之所行，道之所在也。

时维甲戌，朝廷用臣。亨所言许民密迩于卫者，皆得就业。《械朴》之美犹加，是以奋科第而涉诸庙廊者，彬彬辈出。撰诸所自，皆圣明立法之初意也。向非建学以教之，则彼中士类，未必不局于偏长，安知文武一道并行而不歧乎？虽然，昔由科目以享荣名者，固尚矣。必如陆宣公所云"上不负天子，下不负所学"之言，庶不负题名之意。不然，石毁则名不存，可不惧哉！是为记。

镇海太仓卫学租田记

顾以山

镇海太仓卫，旧无学，有之自正统始元之岁，始其地在镇民桥东北。大成殿、戟门、两庑、明伦堂、孝敬忠义肖像、祭器之属皆备，当其始建，巡抚侍郎庐陵周公忱实张主之，经营筑构，载岁毕功，用财甚侈，皆出于搏节枉费、积累羡余，所谓"不縻于官、不厉于民"者是已。学成，侍郎公落之，复虑阅岁久远，风虐雨耗，不无弊漏，曰："异时修葺，费亦当若是耳！"于是，以昆山县二十七保积荒没税若干亩，得租若干石，拨入于学，召农耕种，学官岁收其租以为所费资，于兹二十五六年，天顺庚辰秋，适教授云间李亨秩满去，巡按御史太和王公用，以嘉定训导三衢徐君璧善于其职，檄摄学事。璧至，究知其田，而其隐没至于过半。乃疏上于巡按公，公慨然曰："租田隐没，则修学无资。学坏不修，则讲肆无所。"虽事在钱谷，所系非细。况未三年，已有隐没，弊滋久，其尽亡。然今尚有可图，即檄县官，诣其地查勘，往返数四，始明白。是岁始收其租，随茸戟门傍屋二间，作乡贤祠、土地祠。璧[一]又欲刻田亩字圩号数于石，

〔一〕 前文两处作"璧"。

以杜隐没之弊。来请记于予。

於戏！朝廷建学立师，以广教育。至于武弁子弟，亦使皆从诗书礼乐，以知尊君亲上之义，欲如古帝王盛时，无一地而无学，无一人而不学，其学焉者，无不有以知其性分之所固有、职分之所当为，圣天子之心何如其盛耶？侍郎公既区画以作学宫，又拨田预为修葺计，可谓仰承祇顺，无所不用其心者矣。

今御史王公议清核租田复旧，则其图惟永久之心，侍郎公殆不是过。然非训导徐君之建白，则莫原侍郎公之创始，莫要于御史公之图终。是皆惓惓于兴学者，可书，故为书之，以告来者，使知其用心，则不容其或至于废相为无穷也。

重建太仓南城楼记

金　瑢

皇明受天眷命，奄有万方，乃疆乃宇，要冲之地，屯兵以御外侮，此诚圣世亿万载巩固之鸿图也。吴元年，始置太仓卫治于苏州之东三舍许，实因昆山州之旧城。洪武己未，复建镇海卫，相为守御。维时城门咸建楼，橹瞻烽堠，岁月浸久，尽为风雨所蚀废，而不治已六十年矣，莫能兴复之者。

成化戊戌，钦敕总督直隶扬州等处备倭都指挥、同知合肥郭公铉，以文武全材，特承宠命，来镇三吴。下车之后，修明军政，兴举废坠。不逾年，而威德并行，兵民咸赖以安。尝念太仓东濒大海，实当要冲，而防御之备尤所加意。先是，南楼之旧址尚存，欲图而新之，则财用之需，无所取给。公乃夙夜靡宁，罄其区画，遂以城之四壕，咸畜以鱼，俟其满尺，则鬻于市。至岁暮，复取城内外薪木而售之于民，得其直，皆贮于官。甫二载，所积既盈，公则喜曰："吾事济矣！"于是，首命把总指挥使武政、太仓卫指挥佥事郭炜，泊公之帐下百户岳英董其事，以倡役焉。乃以镇海卫正千户陈昇勤于任，使命效他郡之制而折衷之，于以庀工度材，殚力经营，故凡百需用，鼎然一新，其栋宇之峻起、檐阿之轩翔、基址之广袤，则有加于昔也。经营于成化壬寅之春，落成于是年之秋。

竣事，昇谓瑢曰："吾总戎公之重建斯楼也，厥功懋矣，愿具颠末，将以勒之坚珉，以示来者。窃惟古之名臣，凡立勋业于当代者，必纪其实以传诸永久，矧斯楼之建，不縻于公，不扰于下，诚足以光前休而垂后者也。昔唐之李德裕镇西川之时，作筹边楼，日召父老于军旅，习边事者访以山川、城邑、道路、险易，未逾月，皆若身涉历。

既而练士卒，葺保郭，积粮储，卒能成一代备边之功，炳炳琅琅，照耀简册，使后世景仰之不衰。今总戎公立志忠勤，慕效先哲，上有以副圣天子委托，下有以慰边民之倚赖，其功业之盛，又岂在德裕之下哉！虽然秉彝好德之心，千载一日，安知后之慕公者，不犹公之慕昔哉！宜书此以诏后人焉。"

太仓城隍庙碑记

陆 容

太仓城隍庙，旧在今太仓卫治前。元《昆山州志》云"城隍庙在州治前十余步"，盖卫治即州治也。昆山州治太仓时，立庙于此。及州治西迁，其庙不废。皇明定制，凡天下府州县城隍之神，每岁春秋，与风云雷雨境内山川之神合祭于坛。太仓置卫以来，无坛祭。岁二祭，昆山县主之，盖百二十余年矣。然此庙地才余亩，逼临通衢，有司岁时来祭，斋宿无所。

先是，病其隘陋者，亦尝图迁之而未果。弘治庚戌，知昆山县事杨侯子器，奉例毁淫祠。以太仓东岳行宫，例所当毁，乃毁岳神肖像而改为城隍之庙。其地规模宏敞，殿宇廊庑，复整丽壮观。县大夫春秋致祭，卫武臣朔望展谒，乡兵民日夕瞻依祈祷，上下便之。既讫事，住持道士奚宗哲，因太仓卫指挥使张侯汉，请予为文以记之。

予维天下之理，历万世而无弊者，曰诚、曰正、曰时而已。故天下之事，去伪而反于诚者其名正，违邪而归于正者其言顺，由小之大而适逢其时者其事为易成。若东岳宜祀于鲁，而滥及江淮以南，是伪为也。城隍捍外卫内，庇及生民，功诚不在防水庸下，故其神秩在祀典，一实理之所在也。非去伪而反于诚乎？岳祠像设，大率以天堂、地狱之说诬惑人心，是邪道也。国家制礼，凡所谓城隍神者，尽革前代封爵谥号，而悉正其名，不使杂于丛祠野庙之列，非违邪而归于正乎？

又尝考之州初治太仓时，庙制未备。盖尝即兴德庙祠之，又尝即海宁藏殿祠之。泰定甲子，始有州前之庙。逮今历一百七十年而改迁于是，是非由小之大而适逢其时乎？然则是举也，有以萃人心之诚，有以成祀礼之正，有以适时措之宜。上不费于公，下不劳于民，而事以就绪。吾知神居安妥，扬明效灵。盖将固金汤于亿万斯年，与皇图同其悠久。庸讵直新改作，耸观听于一时而已哉！是宜杨侯有见于此，而果于改迁。宗哲等图昭侯之德，而不敢后也。文既成，复请曰："谋迁之初，从臾其事而赞成之者，张侯汉与其僚。汪侯澄、江侯英，咸与有力焉，不可忘也。"因并记之。

团溪乐隐记

杨 维 桢

至正八年岁在戊子二月十九日，铁笛道人杨维桢过昆山，燕顾瑛氏桃源之雅集，觞咏交欢，凡美毕萃，盖极一时之胜。兴余而返，忽思月蕉瞿先生逢祥，肥遁海东之团溪，不见者三年，遂偕野航姚文奂扬帆以造问焉。

是日也，云叶展空，烟花腻陌，循风溪而下，及门谈笑，步自团溪之阳，顾瞻周遭若环带然，地固卑而隘，中有隐君子之风在焉。先生居是溪，历宋咸淳仅百五十年余。

予观东南，若震泽诸水道，经戚浦，会归于海，风涛激若[一]，沙岸日崩走，滨浦之人恒惧之，而先生则弗惧且乐焉者。溪之左枕廛市，障戚水以便商者；右溯畎亩，引沥水以利耕者。先生处商农之间，笔耕墨庄，乐逾农也；文售大方，乐逾商也。乃若细雨侵沙，波流若縠，鱼鸟沈浮，天光上下，先生则投竿而渔；凉月侵轩，秋声在树，子鹤和鸣，人影相逐，先生则援琴而歌。

於乎！溪之渔人，或见之而不知之，先生独能之而乐之，可谓性情得矣。故先生之弗欲起也，使道而进焉，乐在廊庙；道而退焉，乐在山林。视桃源主者之乐乐矣，孰有过于先生之乐也乎？顾予鬓未华，尚图一集，以续爱汝“玉山草堂静”之句，俾后览者复有考于兹焉。

是岁三月朔日，客维桢记。

春草堂记

高 启

余官京师时，尝见蜀郡王君宗常传温陵陈节妇事甚伟，及解秩还吴，节妇之子彦廉方侨寓郡之东仓，筑堂海上，奉其亲来居，取唐孟贞曜诗语，扁曰春草，介友征予记焉。予虽闲居田里，文思荒落，然既嘉节妇之行，又喜其有子也，于言能遂已乎？

夫贞曜之诗，言人亲之爱子，于其有行也，念虑周至如此。区区之孝，不足以报其恩，犹寸草之微，无以答三春之晖，斯固为为游子者而作也。自海内兵革，人子之行役于远，贻亲之念，如孟诗所云者，盖不可胜数。皇上启运，脱吾民父子于水火，欲与之休息，使《陟岵》《鸨羽》之音不作，故如彦廉者，皆得以养其亲而乐于畎亩之中，何其幸耶？彦廉既不能自侈，逸力营斯堂以娱亲心，以称上意，且不敢苟以为足，又

〔一〕《光绪常昭合志稿》卷四十二《第宅志》作“激荡”。

取此诗末章之旨，名堂以自厉焉，岂不重有可嘉也哉！

当春旸既舒，土膏润沃，彦廉悦其亲，游于斯堂之上，顾草之生于庭者，芽萌甲坼，取是诗载歌而兴起之，则爱敬之心，有不与之油然而俱萌者乎？虽然时有代谢，则春有时而徂；物有荣悴，则草有时而衰。亲之恩无穷，则子之思报者，无时而当已也。彦廉知此而求之，凡所以致养者，朝夕若不及焉。使吾亲融融熙熙，以乐余年于昇平和气之中，则斯堂之胜，无时而非春，无草而不荣矣。若余不幸，蚤失怙恃，欲报之而不可得，行经丘垄于霜露秋草之间，仿佛怵惕，思欲如彦廉者，其可得耶？以余之欲为彦廉而不可得，则凡得为彦廉者，可不思所勉哉！《诗》曰："孝子不匮，永锡尔类！"彦廉归，置吾说于壁，俾登堂览观者，亦或有兴起之心也夫！

洪武四年九月，渤海高启记。

灵慈宫原庙记

舍里性古

懿哉天妃之为德也，托质莆田，爰示有初。或龙或人，窈不可测。固尝出甘泉以续民命，瀹灵惠以弭凶渠。水旱必以请，丰歉必以祈，不惟利舟航、翼信使而已。载稽往古，虞夏八州之贡，不过浮大川以达冀河。唐宋最号一姓，取馈江淮，若渭若汴，已诩能事。海运之绪，前所未闻。杜少陵世称诗史，今其诗有"云帆转辽海，粳稻出东吴"之句，岂唐天宝间，尝一致吴东南之馈于渔阳，而载籍失其纪欤？

维我皇元，定都幽朔，既一大统，故乃岁募巨艘以转漕，出娄江，达直沽，睨鸡林，共乾极，引数百万斛之粮，以给千卫、万骑、百司、庶府之廪稍[一]存，曾不逾时，登实天庾，诚千载之伟绩也。

今夫轻舠单舸，以行江湖，尚有风涛不测之虞，翕倏殒生，身膏鱼腹，往往而是。而况重溟荡潏，万里无际，当其霾曀敛藏，天宇澄穆，然犹春击震荡。若乃纤云召阴，劲风起恶，洪涛腾沓，快飙摧撞，束手罔措，虽有紫荆、乌婪之柂，如以一线引千钧于山岳震颓之地，重以冥礁浅潬，触即瓦解，千夫怖悚，命在顷刻。于是，吁呼天妃，应答如响。光景赫然见于樯端，而舟中之人如婴之睹怙恃矣。是其灵迹昭著，固非淫滔茫昧者所可拟。

乃自世祖皇帝，始锡"护国明著"之封，成宗皇帝载加"庇民"之号，圣上御极

〔一〕 语本《仪礼·聘礼》。汉郑玄注："稍，廪食也。"贾公彦疏："以其稍稍给之，故谓米廪为稍。"

之三年，制书褒崇，复加"广济"二字。于是，合三圣之殊恩，不极不止。我国家之创盛典，答神庥隆至此。每岁二漕行省泊漕府长贰帅僚属以上，命致祀于昆山新治之原。庙得吉兆，以为行期。

庙经始于至元壬辰，郡人朱旭捐周泾之私地五十二亩，以基构焉。阅三年，而栋宇以完，门庑、殿寝，秩秩有严。所以申臣子肃将之敬，畅蒸人爱戴之情，于是乎在。众欲刻石志诚，久而未遂。既加封之明年，神之宠灵益大，众之凭藉益深。余繇浙省来董漕事，于今为再至，共请为文记之，不得辞。

闻之《传》曰：圣王之制，祭祀也，能御大灾、捍大患，则祀之。又曰：山林川谷丘陵，能见怪物皆曰神。释之者谓云气非常见者也。今天妃所出，神光景耀，易危为安，固已超于山林川谷丘陵，而宜民弭患，有合于祀典者伙矣。抑吾夫子不语怪力乱神，至于《易·大传》，则著鬼神之情状。子思子述圣谟以作《中庸》，乃有"洋洋乎如在其上，如在其左右"之训，叹其盛矣哉！

盖鬼神之迹，当以理求而未易轻言也。圣人岂终不一言之者，故敢谓之语曰"天地之大德曰生"，"惟上帝矜此下民"。彼嗜货忘身，甘为险魄，犹且降神拯溺，思脱之于濒危之际，况彼以徇私、此以徇国，而有不寓灵于良能者乎？国之将兴，必有祯祥。若周之流乌、秦之陈宝，尚有开先之符。况我熙朝，焜耀千古，建邦设都，首定四方之极，使苍苍不储大神于前代，又何以扬盛烈于今日者哉！管窥蠡测，姑究其所以然。谂来者匪但誉幽灵、纪庙貌以阿流俗，庶不悖圣贤之垂教云尔！

延祐二年四月望日立。

平江路常熟州双凤福地玉芝图记

张与材

至大之三载，岁在庚戌，门人傅处潜入侍讲席，以平江路道录、普福观开山提点、住持周静清状来请曰：静清凡骨未换，其于闻道，不知尘有几也。唯是焚修不敢不力，以当福地之名。乃孟冬朔，有侣人入仙宫祠者，踵之，无有启钥，惟菌生焉。其生之气，犹蒸然从地而起，一根而为茎四十有二，若珊瑚交枝，而宝盖其上者。明日，敷舒可二尺许。又明日，间以金缘，观者几百人。辨之者曰："是所谓玉芝也，非菌也。"莫不徘徊叹息，共言其瑞。逾浃旬，则霏霏化为素烟，如琼花已入天宫矣，异哉！

盖仙宫祠分六曹，其一曰五芝百谷曹，意其现瑞也，非欤？虽世间何物非幻，其来也谁使？其去也不可执。然自有江山几千年，而有普福，由普福以有今日而玉芝生，则亦非偶然之故。嗟夫！微教主，吾谁与归？谨为图以请，愿有以记焉。而处潜又稽首重为之言，则诺而记之。

夫芝者，仙家之一草耳，不常有于天下，忽然而遇，未有不以为瑞也。古之时，箕山为多，未始以为瑞也。然许由得之而不食五谷，商山所采，皆是物也。汉武帝时朱草生，则紫芝类也，以为金人露盘之所致。按：芝五色，惟白芝名婴儿手，服之可以通仙。然则相期瑶草，必蓬莱可也，不知何以见于此哉？

普福所居州为常熟，必神人居之，物无疵疠而然尔。鸟有凤者，恒出于有道之国，独取以名其地，千仞之上，将览德辉而下之。三山十洲，于是乎在，则虽谓普福有瑶草，岂不可信？静清，吾之弟子，于吾祖鹤鸣夜半之所授受，无所不佩，丁丁万斧，如修广寒。与回仙人共住于兹有年，将由有为而诣无为。匪朝伊夕[一]，玉皇有诏，不翳玉芝不已也。抑宇宙间，惟应与感祯祥之相值，果非偶然者。矧精神聚会，黄鹤往来。天地神示，昭布森列。则一芝之瑞，是故吾心华之发现而已，有以异乎？否也。或曰：芝之为茎，常止于九，未闻若是再倍于簣而复不足一、挂于蓍而大有余者，则又安知其非所见仙人者，以元帝行满之期而勘之，又以旌阳拔宅之数而望之欤？吾闻之曰：或者之言，亦是也。弟子勉之，是为记。

明年至大第四上元嗣汉三十八代天师、正一教主、太素凝神广道明德大真人、主领三山符录、领江南诸路道教所事、金紫光禄大夫、留国公张与材记并书。

延真道院记

俞焯

宋淳熙间，道士赵之机住道院于涂松，西去南沙百二十里而远，额曰延真。至元丙子，挟化同烬。其徒王士伦氏，给额教所，改筑于沙头，东距涂沙五里而近，时维龙集辛巳岁也。士伦役使鬼神，祠奉真宰，廪庙坛仪，乐施完具，尸而祝之，多信响者。殁后四年，嗣院葛公善信，以士伦遗资，南辟大门，东西设两庑，殿陛有严。中屹元天圣者，周阿蠡如，缭垣截如，以旧构揭为堂皇，扁曰茂清。继后又十年，葛逊院事。法弟高公善性，敦同师之好，膺主席之托。越廿余年，不懈益虔，翻完门闾，新好廊殿。西奉青宫仁者，东祀天中大神。郁然萧台，重开龙汉劫也。于是高年亦老矣，欲勒篆铭，如新宫故事。以元统二年冬十月，暨余归自京，以记文请。

抑神仙者家，惟以所存，万有皆实，其渺渺无上，寥阳帝居，亦复梵炁弥罗，融结妙有矣。故一真所至，金石可飞。凡厥有心，孰不动者。今真祠闳宇，神明厥居。

蜿旋琼舆，拱卫左右。忽如而突出，傥然而化成者，虽曰开山愿力克对神天，而亟存之心不闲有赫〔一〕，故能以一念摄有真境〔二〕，而三十余余年迄用有成者久矣。其突兀于空玄也，于尔后者，其尚载以宁一靖谧，有恭缉熙前人之光，拓充方来之业。由院而宫焉、观焉，坐阅清浅，而无穷之去家学仙者之事耳。黍珠非小也，昆仑非大也。仙真之所，寰周法界，人能存心以事天，无往而非道也。赵、王、葛、高之心，岂无相见栋宇之外者耶？余与葛、高二公式好且近，往还三十余年，院之有成，克知者深，是宜记。

灵宝长寿寺碑记

邹　亮

沙溪距常熟县治东南八十里余，元至元壬辰，佛光云峰禅师洎弟子大通，结庵于兹，以祝釐祈福，名曰长寿。阅岁滋久，日就颓陊。国朝永乐间，原道基公来莅斯庵，慨然以兴作自任，殚虑悉力，聚货食，僦工佣，市材甓，诹辰协吉以庀事。首建大殿以妥灵揭虔，而三间两庑、庖湢库庾，以次咸秩。外缭修墉，环植嘉木，其中像设，有严钟鼓华幡，完好整饬。相其役者，法嗣昌、远弥、祖堂、隆用、明永，而邑人陈君原锡，亦捐资乐助焉。

先是，工部侍郎庐陵周公，钦承上命，巡抚江南诸郡，夙夜勤慎，摅忠推诚，祗宣德意。所过之地，春融泽润，人物熙皞。遇梵宇倾圮者，悉加缮葺。盖以其能隆国祚，而善民俗也。正统乙丑夏五月，公驻节兹境，既嘉原道之用心、原锡之好施，复以寺擅沙溪胜概，而名额未著，乃阅图志，得旁近灵宝寺废址故额，俾祖堂申请礼部，合而名曰灵宝长寿禅寺。仍檄祖堂主其法席，祖堂乃砻石求予述其颠末。

窃惟世降道衰，风漓俗薄，寇攘奸宄，纷然杂出，故大雄氏设为慈悲之行，随方应机，开导诱掖，复还淳厚，诚非骇炫流俗而已。是以其道行乎中土，久而浸盛。凡天下名胜之境，咸建法幢。绀殿宝坊，金碧髹垩，交辉映彩，照耀耳目焉。洪维圣朝，尊隆象教。谓如慈云之覆帱，慧日之照朗，法雨甘露之濡沃，能使善者劝、恶者悛。刑罚可省，丰和可召，不其然欤？原道具融，明性宏坚。固心广精，进力汲汲。然兴债起废，固为不易。况遇大人君子，加意宗乘，光扬梵教，遂致兹寺焕有新额，

〔一〕闲者佛道修行有暇之境界，不闲者有八难等而无暇也。“有赫”语出《诗经·大雅·文王之什·皇矣》，原文“皇矣上帝，临下有赫。”

〔二〕道教之地，亦指仙境。

俨然为一名刹。其徒得以祝延圣寿，康福黔黎，其用心良厚，尤为不易也。庸书此以告来者，复系以辞曰：

于维释氏，诞生西域。玄风攸畅，流行中国。有来白马，贝文斯译。冥叶化机，毗赞皇极。苦海众生，嗜欲迷惑。寇攘纷挐，靡知止息。乃运慈航，拯彼沈溺。大千沙界，咸蒙利益。沙溪之滨，粤有法窟。湫隘弗称，曷彰灵迹。原道戻止，恢其愿力。载经载营，教基俞辟。华构峨峨，穹堂奕奕。虹梁绚彩，鸢檐跂翼。金相玉毫，光明炬赫。龙象骏奔，人天愉怿。猗欤周公，显显令德。覃君之仁，沛君之泽。睊此精蓝，规模逾昔。式究厥图，爰致新额。幸戒缁流，梵呗昕夕。仰祈圣算，弥千万亿。作此铭诗，昭荐乐石。是道用光，永永无斁。

璜泾赵市碑记

李 杰

今太仓州之赵市[一]，旧为常熟县之璜泾镇。弘治间，增立太仓州，始割隶焉。璜泾故大镇，元季兵燹，民始荡析离居，而昔时繁华之地，鞠为草莽之区矣。国朝混一以来，百有余年，无有能兴复之者。承事郎赵君仲辉，世居其地，慨然以为己任，乃捐家资，鸠工僦材，构屋数百楹，以处流寓。建桥梁，修道路，以便往来。于是，商贾骈集，货财辐辏。若土地所产，与夫他方水陆之物，靡不悉具。凡近市二十余区之民，有而求售焉者，无而求市焉者，盖不俟赢粮负橐，操舟驰驱，远赴都邑，而不日之间，已遂其所求矣。阅三十余年，聚居益盛，远近之人，皆以赵市名之。仲辉殁已久，父老感其遗惠，请于州司，立碑以纪其劳，而请予为之记。

惟古神农氏教民，日中为市，致天下之民，聚天下之货，交易而退，各得其所，利世之功大矣。盖衣食以养生，器皿以给用，药饵以救疾，棺椁以送死之类，皆民日用所不可缺者，况璜泾僻近海滨，墟落阔远，卒有缓急，何所取办？此仲辉之立市所以有功于一乡，而岂登垄罔利者所可同日语哉！夫神农功在天下，固万世之人不可忘也。仲辉功在一乡，此赵市之人所以不忘之欤！继兹以往，璜溪之上，由成聚而成邑而成都，大有过于前代，殆不可知。碑以记之，庶以征夫来者。

弘治甲子季春清明日，赐进士出身、嘉议大夫、礼部左侍郎、前太常寺少卿兼翰林院侍读学士、南京国子祭酒、经筵讲官兼东宫讲读、同修国史会典副总裁，海虞李杰撰。

〔一〕《嘉靖太仓州志》卷五《乡都》作"赵甫"。

新建太仓州城楼记

王　鏊

弘治十年，诏建州治于太仓。初，太仓与镇海为卫，并治一城。戎伍编氓，错峙纷糅。至是，始以州大夫临之。割昆山、嘉定、常熟傍近地隶焉。文武并建，军民遂安。太仓故无城，伪吴张士诚始城之。周十四里有奇，城高而坚，池广而深，识者谓虽立于僭伪，而实有无穷之保障。予尝登其城楼以眺，则万屋鳞次，帆樯云集，海天辽廓，云涛滉漾，壮哉其为州也。而西北之楼独缺。正德十年，监察御史邵阳唐君凤仪按其地，则命建之。莆田黄君廷宣适知州事，鸠工庀材，不期月而楼成。其余城楼亦皆修敉，巍然为一州显观。间属予记。

予于兹楼之建，窃独叹天地之盛衰兴废，信有时乎？夫太仓，古娄县之惠安乡耳！至元朱清、张瑄创海运于此，而诸蕃辏集为市。国初，由此而漕定辽，由此而使西洋，遂为东南巨州，岂非以其时哉！然地尽东海，海寇出没。昔方国珍尝由海道入寇，故元有水军万户府之设，而士诚亦因此而城。往时盗刘通、施天泰寇海上，三吴骚然发动。至剧贼刘七据狼山，睥睨全吴，赖重兵宿其地、扼其吭，掩其不备，而莫肆其螫。不然，盖岌岌矣。则城之设。岂可以承平无事而莫之敉乎？予故备书之，以警动在位，而二君兹楼之建，未为无意也。

光禄大夫、柱国少傅、太子太傅兼户部尚书、武英殿大学士知制诰、国史总裁、同知经筵事致仕王鏊撰。

太仓州志后序

太仓州志后序

　　光绪岁辛丑，熙承乏镇洋，与太仓州同城，凡政治、民俗、风土、物产，无不与州同之，因先访查志乘，知方谋续辑，王大令祖畲、缪中翰朝荃、钱观察溯耆、徐明经敦穆诸君均与其事。时蒋羹臣观察正绾州篆，检示卷宗，得悉修刊经费，修志以蚕桑局款岁拨洋四百枚发典生息，储存备用；刊志以崇邑库书罚款钱千二百串零，莫前州善徵太守禀准拨充，代理升州周子迪方伯列入交册，程前州叙东观察接收，迨卸任罢官，旋即作古，而款遂无着。幸缪君与观察有旧，力任其事，商诸前州金苕卿、陈谅山两太守，并镇洋、嘉定、宝山、崇明四邑令，各捐助洋二百枚，共洋千二百枚，归还前款，存典起息。然综计时阅九年，官易六任，非缪君之维持调护，乌能及此？

　　嗣缪君购得宋龚进士明之《中吴纪闻》、元杨徵君《昆山郡志》、明桑通判悦《太仓州志》，皆是乡志乘之权舆，亟商刊行，以为先路之导。请将刊志典息起己亥，迄壬寅，先行支取，托苏垣书局付梓。未几，局撤，梓人星散。复托缪筱珊太史就宁垣书局分办，太史又寄示宋凌直学万顷、边掌仪实《玉峰志》《续志》，均系传抄孤本，怂恿一律筹刊。熙意旧志固宜梓行，而新志尤应辑竟，因会商州尊谢枝先直刺与王、缪、钱、徐诸君，约定各认门类，就家塾中分辑，不取脩膳。于乙巳年为始，期以三年成书。

　　次年丙午，熙请假回省，诸君为熙饯行，熙谆属至再，缪、钱两君为熙兄炯同年，言之尤切。月前缪君来书，知《汇刊太仓旧志五种》业已工竣，问序于熙。熙以端陶斋尚书、陈伯平侍郎均有序言，下僚末吏，何敢妄赘一词？而缪君敦促不已，爰叙述始末缘由，附书于后。至新志一书，已逾三年之限，尚望诸君努力为之，熙亦得乐观厥成，益深欣幸。因牵连书之。宣统纪元己酉夏六月，署元和县调补吴县前知镇洋县事保山吴熙谨识。

缪朝荃识

　　右《太仓州志》十一卷，明桑思玄先生悦著，旧有弘治刻本，今不得见。朝荃前在湖州书船购得海虞瞿氏旧钞本，间有脱误，从叶归庵师手钞本以朱笔改正。近有《汇刻太仓旧志》之举，属家筱珊同年由江宁付梓。工甫竟，适晤徐君菊生，知亦有钞藏本，其抬头行款似从刻本影写者，亟假归对勘数过，尚有讹脱处，为之校正如左。

　　同里后学缪朝荃谨识。

寄赠家蘅甫同年即书《汇刻太仓旧志》后

　　十年不相见，相见各嗟老。君气犹昂藏，我身更潦倒。同作蠹书鱼，钻研彻昏晓。前贤遗著述，流传付梨枣。客秋驰书来，方志搜旧稿。翻令腐鼠猜，空听乱鸦噪。一笑等浮云，昂头出尘表。凡事付达观，胸次少懊恼。吾侪跻暮年，令名须永保。

　　光绪丁未秋九月，筱珊缪荃孙书于艺风室。

太仓州志补辑

补　辑

人物传记

桑　悦

　　桑悦，字民怿。父琳，字廷贵，好学工诗，性恬澹，喜黄老术。悦家贫无书，从肆中鬻得，读过辄焚之。敢为大言，以孟子自况。或问翰林文今为谁？曰虚无人。部使者按水利下邑，悦前谒，书刺"江南才子"，使者骇，已问知悦，乃延校书，预刊落以试。悦校至不属，即索笔补之，无误者。十九举乡试，再试礼部，奇其文，阅至《道统论》，则曰"夫子传之我"，缩舌曰："必江南狂士桑悦！"斥不取，三试得副榜，年籍误二为六，遂除泰和训导。邱濬奇其为人，属学使者善遇之。使者至，见悦不迎，顾问长吏："岂有恙乎？"长吏皆衔之曰："无恙，自负才名，不屑谒耳！"乃使吏召，悦曰："连宵旦雨淫，传舍圮，守妻子亡暇，何候若？"使者久不能待，更两吏促。悦益怒曰："若真无耳！即使者能屈博士，奈何屈桑先生为？若期三日来。"使者欲遂收悦，缘濬故，不果。三日来见，揖使者，使者怒曰："博士分不当得跪耶？"悦前曰："汉汲长孺长揖大将军，明公贵岂逾大将军？悦今去，天下自谓明公不容悦，将曷解？"因脱帽径出，使者乃下留之。御史闻悦名，数召问："谓匡说《诗》解人颐，子有是乎？"曰："悦所谈玄妙，何匡鼎敢望？即鼎在，亦解人颐，惟赐清燕。"御史壮之，令坐讲。少休，悦除袜，跣爬足垢，御史不能禁，令出。寻复荐之，分典浙、楚、滇三省乡试，迁长沙府通判。调柳州岁余，父丧归，服除，遂不起。居家益任诞，褐衣楚制，往来郡邑间。初悦在京师，见高丽使臣市本朝《两都赋》，无有，以为耻，遂赋之，时颇称焉。

（《嘉庆直隶太仓州志》卷三十五《人物·文学》）

李 端

李端，字表正，枣阳人。弘治十年立州，以御史出知州事。时方草创，两卫弁争长，军伍仍故习侮乡民。端治以法，皆敛手服。崇明有黄道，恣劫杀人，县莫能禁。端以计擒之，笞死。为人倜傥负气节，面折豪贵无所讳。寻升广南府知府，行橐萧然。州人思之，祀名宦祠。

（《嘉庆直隶太仓州志》卷十《名宦上》）

奏疏考记

奏立州治以安地方疏

都御史 朱瑄

弘治十年，巡抚都御史朱瑄奏为立州治以安地方事。其略曰：臣惟事有便于民者，不嫌于创改；政有益于治者，不惮于更张。如太仓设州，诚于军民便利有六：

如昆山管辖唐茜泾等处，常熟管辖直塘、双凤、涂松等处，嘉定管辖刘家港等处，各离县远若干里，到太仓各近若干里。若将附近乡都分割，则纳粮当差不致远涉，一也。

又太、镇二卫，本备倭寇而设，近年官军俸粮俱往别县开支，犹为不便。万一寇发城闭，何恃以守？若立州则粮积充足，有备无患，二也。

又城郭内外，军民杂处，大率军多刁横，欺陵民户，兴讼委官，不得约会，以致监禁日久。若立州则民有宗主而不致受欺，军知畏惧而不敢纵恶，设有词讼，可以旦夕狱成，三也。

又附近〔一〕人民每将货物入城变卖，有等光棍用强搀买，寻闹抢夺，以致乡民别处市集变卖，路远费多。若立州，庶免前弊，四也。

又崇明离苏州府若干里、太仓城若干里，其民到府必经太仓，而守御千户所又属镇海卫辖，若立州统领崇明，则远近相制，五也。

又卫学军生例有岁贡，三县民生附近卫学肄业，既无粮廪之资，又无岁贡之路，科第虽不乏人，奈解额有定，不无淹滞，以致皓首穷经，无由补报。若立州，军民生徒均有廪贡之沾，寔为后学之幸！六也。

以臣愚见，灼知有益，乞敕该部查照前后建议施行。地方幸甚！军民幸甚！

（《嘉靖太仓州志》卷十《遗文》）

〔一〕 原稿阙二字，据《吴郡文编》卷一三《堤防》补。

原三江

吴　荃

按《禹贡》曰"三江既入，震泽底定"，震泽者，太湖也。西北受宣歙九阳荆溪之水，西南受天目杭湖诸山溪之水，浩渺不可涯涘。其底定也，则有灌溉之利；其泛滥也，则有浸淫之害。故古之治之者，疏其源，俾水之入者有所分导其流，俾水之出者有所归。汉孔安国牵合"彭蠡既潴"之文，遂谓"三江自彭蠡分为三入震泽"，不知彭蠡震泽入海之道既殊，三江乌可强而同也。厥后，虞氏作《志林》，桑钦作《水经》，班固作《地理志》，各祖其说。郭景纯以岷、浙、淞为三江，韦昭则以淞、浙、浦阳为三江，承讹袭舛。惟张守节论差近。

今复参以唐仲初《吴都赋注》、朱长文《吴郡续图经》及水道奔趋之迹验之，则太湖之水自东南分流，出白蚬，入急水、淀山，縣小漕、大沥以入海者曰东江；自庞山过大姚，经昆山石浦、安亭，縣青浦达沪渎东泻入海者曰吴淞江；自东北分流，从郡城东行，经古娄县，水势洪驶东北直下，今俗讹为刘家港者曰娄江，是三江实东南泄水之尾闾，各有入海之所，而弗可混也。世惟惑于顾夷《吴地记》云"吴淞江乃古娄江"，遂使吴淞海口，漫焉无稽考。

宋绍定六年，知平江府杨烨，奏乞于吴淞口置寨，以备海道。曰：乡者逆全多就顾泾运米，自海洋窥吴淞江口，平江必为震惊。据此，乃知吴淞入海，原有其所。又考《云间志》：青龙江上接吴淞江，下通沪渎。吴孙权尝造战舰于此。则其江之浩渺，而沪渎乃其下流，昭然可见。矧吴淞距娄几五十程，其亦曰娄江者，妄矣。

夫震泽疏源以注江，三江导流以归海，民物奠乂，全吴财赋其昉诸此。后代率逞私智，或图苟安，悉置此不讲。故小漕、大沥及诸港，口就浅狭，而东江遂湮。唯淀湖支流北注吴淞江，从刘家港入海。安亭、青浦河存一线，而下流壅塞，其水逆趋夏驾浦，亦从刘家港东北入海，会于娄。譬之假道出入，必先至者，而已姑徐徐也。夫水势顺则疾，疾则浑泥并行；逆则缓，缓则浑泥停滞，故昆山之东南隅、嘉定之西南隅、青浦之西北隅、华亭之北隅，昔日沃壤，今皆硗确莫耕。三江塞二，而以全湖东注之水，独归于刘家港，其势渐不能容，日积月累，行复如二江患矣。识者能无隐忧哉！

为今计，当稽故道开复，俾淀湖水原从东泻而弗北注吴淞水，原出安亭、青浦达沪渎而弗逆行，庶几经纬分明，四县不耕之地可复种矣！

自太仓塪身西抵常州境，仅一百五十里。常熟南抵湖秀境，仅二百里，其地低下，多水田，故虞水。塪身东接海岸，东西仅六七十里，南北仅百里。常熟北接北江之涨沙，南北仅八九十里，东西仅二百里，其地高仰，多旱田，故虞旱。今水有所归，则泛滥不出，而水田常稔。江湖率职，则蓄潴可豫，而旱田常稔。说者又谓："陵谷变易，三江可复，九河何以日徙？"不知九河弗可容其复，三江弗可容其弗复者也。盖北方资水以济运，恒患水之源弗继，故引黄河水排之于淮，通流漕渠，若复故道。繇郑卫沧景以至天津入海，虽河患永息，而徐淮以下皆涸漕，事将益费。南方决水以护田，恒患水之委弗泄，开复三江，以兴永利，固上策。但工费宏贲，未可骤议。窃见昆山陆家浜以南，盘曲多而河身窄，古之曲其江者，欲激之使深，激之既久，其曲愈甚。又况水弗东之，滩涂易长。昔叶内翰开盘龙，沈谏议开顾浦，韪哉！伊欲吴淞安流，宜仿前人已行法，如夏忠靖浚吴淞，东至石桥洪而达诸海；如周文襄浚顾浦，通吴淞江以入海。如昔沿海处所开三十六浦以分三江入海之势，未浚者浚，已浚者时导，则四县亦得少苏，是则权宜经理以支四五纪者，亦策之次。迩宪臣请事东南水利，独于三江无专言，今日治干，明日治支，迄岁无成功。我悲东南遗三江之利，则悲天下遗东南之利也。

（《娄江志》卷下）

冈身考

程穆衡

《南郭州志》列冈身之名有四，而不指其处，考王济之《姑苏志》已然。其名盖始于朱长文《续图经》，其言曰："濒海之地，冈阜相属，谓之冈身。天所以限沧溟而全吴人也。"郏亶《水利书》则云："太仓俗号冈身，冈身之东有一塘，谓之横沥。"赵霖《治水状》则云："濒海之地，特高于他处，谓之冈身。冈身之西与常州相等，亦皆未称有定在也。"瞿硎先生墓砖刻："葬东陵武安寺重冈之原。"龚明之《中吴纪闻》："建炎兵火，士大夫避地东冈。"则几几以吾邑土称混乎？周燮，隐君矣，然霖又云："冈身之民，每阙雨则恐里水之减，不给灌溉，悉为堰断以止流水，此常熟诸浦塞之由，是冈身且统常熟。而今嘉定亦有镇曰外冈，固不止太仓称之矣。"

据今北门外自高家桥起，经双凤之直塘，凡傍盐铁河涯行者，俗俱名冈身路。横沥在东，盐铁在西，皆贯南北，南固县境也，则亶所言横沥以西之冈身，县亦分隶焉。又向传县界吴塘岸为归吴冈身，则今西关外三官堂后有西冈身路，或即其处乎？

凡冈身之迹，其可寻求者若此。若所云下皆沙碛螺蚌地，宜豆麦木棉，则凡塘岸出海处皆然，又不独横沥之壤耳！

（辑自《吴郡文编》卷一三《堤防三》）

娄江考

吴升元

说者以刘家港为娄江，语讹即古三江之一。今按，三江有三说：

其一《禹贡》"三江既入，震泽底定"，夫入与定，元不相承。孔安国谓：江自彭蠡分为三，名三江可也。此三代扬州之三江也。

其二《国语》：伍子胥曰：吴之与越，三江环之，民无所移。按《水经》：北江在毗陵北界。郭景纯以岷、浙、淞为三江，韦昭以淞、浙、浦阳为三江，与子胥言合，此春秋吴越之三江也。

其三《国策》：越王擒吴于三江之浦。《吴越春秋》：范蠡去越，乘舟出三江之口，入五湖之中。郦善长云：松江自湖东北迳七十里，至江分水流，谓之三江口。张守节、唐仲初、朱长文皆主之，此近世吴地之三江也。

顾夷《吴地记》云：吴淞江，古娄江也。亶其然矣，何也？晋孙恩之乱，袁崧筑垒沪渎。简文《石像铭》曰：吴郡娄县界淞江之下，号曰沪渎。足知当时水道独此为大，江在娄县，依县得名，不亦宜乎？后四十余年，为宋元嘉，而淞江沪渎噎不利，欲从武康纻溪直出海口，不果。至宋范仁始有"不惟东南入松江，又使东北入扬子"之说。建元逮元符初，潮沙涨为平地，松江入海之道绝。熙宁五大浦谓：昆山之张浦、茜泾、七丫入海，常熟之许浦、白茆入江。郏亶谓：松江北至江阴三百里，大浦四十九。政和赵霖、绍兴赵子潇：二十六浦在□□者十二，并不闻娄江入海之道也。至和间《昆山塘记》云：北纳阳城湖，南吐松江。又曰：唯亭得古□以限松江潮势。胜国时，吴淞江塞，淀山湖围成田，而刘家港海潮渐西，自然深广，故周文英有弃吴淞江之论，而专意刘家港、白茆入海之议。宣慰朱清开浚自娄门导水曰娄江，以入乎海。娄江之名复见于此，盖考古之士借古名以名新迹耳！寔非古之娄江也。虽然今之刘家港，既承委太湖，则司娄江之职矣！受斯名也，谁曰不然。

按王圻《娄江考》云：《史记正义》曰：一江东北下三百余里入海，曰下江，亦曰娄江；《吴记》曰东北入海为娄江；《苏志》云自吴县鲇鱼口北入运河，经郡城之娄门者曰娄江，历昆山、太仓，东至天妃宫出海。元至元二十四年，朱清浚开娄门至海口，辞义明甚。吴子独谓娄江之名元时始复见，历辨非古三江。夫古说难一，但今固入海道，且渐塞，则诸河泛滥，深有诸虑。底定之迹，修举在人，所争旦夕，不啻虏寇也。

（辑自《吴郡文编》卷三〇《水利八》）

重浚湖川塘记

弘治十三年　长洲　祝允明

水生于天，行乎地，而假人以治，治无所用于私，私则凿物失其理而乱，吾更以凿加之，是益其乱漫漶不辨，惟知及之，而以仁守之、勇成之，则虽不必创作其绩，有以相时圣后、配古圣臣，以康黎民，何也？得其理故也。孔子称舜禹之有天下也，不与而无为。观舜命禹，禹尽沟洫，力至胼胝，八年若是，谓无为不与者邪？为不为，或以理理为而为，虽甚劳烦焉，犹无为也。天下之水，十五在江南，去禹逾三千年，而三江失入，震泽不定。昔之议治者，棼若聚讼，繇范文正、苏文忠迨二郏、单任等，言人人殊，至就其理而理之，狭者广之，高者下之，塞者通之，乃不能异也。则今日循故理、成新功，不以钜微古今而间然为之者，其舜禹事欤？太仓州北数里有塘曰湖川，延袤九万七千一百尺有奇，西分原于太湖，历娄江而下，由巴城湖、新塘以来汇，东连小塘子，贯石婆港，以达刘家河，海潮西突，巴城东注，清浊交啮。又刘家潮之纬州而西出者，由盐铁塘到湖川而定。东北自七丫港而花浦、而杨林塘，潮之来亦及湖川而尼当地，与时之会，浑沙迎合，淀壅淀洿，可立而待。傍田藉沃泄者频病之。天顺间，民沈定奏可下郡县浚治。时治塘面广二百四十尺，底半之，堤深丈有二尺，辅之广杀二尺，潮归枝川，傍田以利。迄今久且复淤。东至堋身十里余，塘成夷壤，草荄纠盘，小汛绝滴。西至金鸡河口，亦仅沮洳。民吴纪复奏可下郡县浚治，郡县以役寡工薄稍疏，狭中才如沟，无几何辄已涨平，佃涉兼病。岁庚申，民吴贤等牒陈于今巡抚南畿都察院左副都御史彭公、提督浙西水利工部郎中傅公，乞裁治活赤民。二公曰：俞属之治农官、苏州府通判陈君昈率太仓州判官黄君谱往相度，得其理，乃鸠州万有五千夫、昆山千二百夫，挑抉涂泥，导诱线路，畚锸任扉，云聚蚁运。二公躬临视之。初塘身既辟，而两岸夹立，相去直与下等。彭公曰：是不然，岸稍遇潦，当即溃，塘立塞耳！乃命削其廉隅，俾夷而固。启役于冬十二月上旬，迄事于明年春三月十三日，凡浚自徐昌桥至于金鸡之口，八万五千一百尺，入昆山西段又六千尺，广一百尺，底广四十四尺，深九尺，尤以民造新州积劳，日给导河夫官银糜三千二百五十两有奇。于是，水道流利而田野辟、舟楫便、租赋复，上下赖之。彭公命允明记其成功。允明民于郡，郡大利病固无越水事，窃尝研究今昔诸贤绪论，愧愚暗无获，然妄谓□理之一言，贯万物、亘宇宙弗可易者，有物于此，失其理而乱，无事更张，复之则还于治，兹塘是也。假令舜禹复起，其于是能舍浚瀹而他为乎？大哉二公！知及仁守而勇成之，五行既陈，六府兹修，有以相后王、补天地，盖其根抵所在，独操一理以宰割百度，故不以钜微，循而不凿，有为而若无为，若禹之于虞也，奚其异？於乎！劝今规来，永古作者之泽，以信吾民之刌镂，固小子幸愿且承命也，不敢辞，谨用铺勒昭烈，俾职于后者。时消息以斯理，将万世是赖。是役也，承引而提挈者，知府曹公凤、知太仓州李侯端；董莅于成者，陈君专职之力及黄君也，外参事于是，系联以书。

（《嘉靖太仓州志》卷一《建置沿革》）

地志

宋

龚明之《中吴纪闻》六卷 《四库书目》云：是书采吴中故老嘉言懿行及其风土人文，为新旧图经、范成大《吴郡志》所不载者，仿范纯仁《东斋纪事》、苏轼《志林》之体编次成帙，书成于淳熙九年。

元

杨谦《昆山州志》六卷 《传是楼书目》作二十二卷。按：鳌《志》作《昆山郡志》，《府志》作二十三卷，注云今仅存六卷。

明

殷奎《昆山志》八卷、《苏州志》《兖州志》《咸阳志》《关中名胜集》《关陕图经》一作陕西

秦约《崇明志》

卢熊《兖州府志》《吴郡广记》五十卷 《昆新志》云：即《苏州府志》，旧志两载，误。

陈伸《太仓事迹考》 按：鳌《志》无考字。《琴川新志》

张洪《琴川志》《使缅甸录》《南夷书》 《四库存目》云：是编乃永乐四年缅甸宣慰使那罗搭劫杀、孟养宣慰使刁查及思来发而据其地，洪时为行人，贵敕往谕，因采摭见闻，记其梗概。《日本志补遗》 按：鳌《志》作《补遗志》。

高宗本《扬州府志》十卷

陆容《太仓志稿》 按：鳌《志》作《太仓州志》。

桑悦《太仓州志》十一卷

周广《嘉靖江西通志》三十七卷 林廷棉同辑。《四库存目》云：是编乃嘉靖中廷棉官江西布政使参政、广官按察使副使所作，凡藩省志三卷，诸府志三十四卷，藩省志分十二门，诸府志分二十七门，体例略同他志，惟奸宄一门，仿诸史奸臣酷吏传例，以示鉴戒，独为小异。

龚持宪《太仓考》

周复俊《马鞍山志》

张寅《太仓州志》

顾存仁《居庸关志》《居庸外编》据《天一阁书目》。

周锡《凤林备采》徐爌序略：书凡二卷，首风俗，终杂志，而方域、户赋、宫庙、川梁、天文、地理、人事之记，粲然陈焉。

王世懋《饶南九三郡图说》《四库存目》云：是编乃其官分守九江道时所作，三郡者，一饶州，二南康，三九江，皆所隶也。凡地之冲僻、俗之浇淳、民之利病，皆撮举其大端，而不以山川、古迹、登临、题咏为重，盖犹有古舆图之遗法。《闽部疏》《四库存目》云：是书记闽中诸郡风土岁时及山川、鸟兽、草木之属，亦地志之支流。盖世懋曾官福建提学副使，记其身所阅历者也。鳌《志》作《阁部疏》，误。《名山游记》《四库存目》云：是编一曰《京口游山记》，分上下二篇；一曰《游匡庐山记》；一曰《东游记》；一曰《游二泉记》；一曰《游鼓山记》；一曰《游石竹山记》；一曰《游九鲤湖记》，而附以《游溧阳彭氏园记》，末有世懋跋一篇，盖为鼓山以下三记作，后合刻诸记，仍以缀于末也。

赵宧光《寒山志》

王志坚《苏州府志稿》十四册、《昆山人物略》

王在晋《越镌》《历代山陵考》依《四库存目》补。

姚廷法《太仓州志稿》八卷

吴震元《舆地通考辨误》《水经广注》《吴头楚尾录》

张采《太仓州志》十五卷

盛敬《形胜要略》

陆世仪《山河两戒图说》《娄江图说》

顾梦麐《双凤里志》六卷

费参《直塘志》

释戒显《云居山志》按：戒显即明诸生王瀚，鼎革后归释。

清

顾士琏《新刘河志》一卷《娄江志》二卷《四库存目》云：先是，顺治十二年，娄江塞，水无所归。太仓知州白登明开凿朱泾旧迹，而水以安。州人名之曰新刘河，以娄江旧名刘河也。士琏实佐是役，故辑其始末为志一卷。康熙辛亥，再浚刘河之淤，仍以士琏任其事，工既竣，乃复辑《娄江志》二卷，上卷叙新迹，下卷考旧迹，而以郏亶、郏侨诸人治水之书附焉。《新刘河志》

其稿本出登明,士琏重辑之。《娄江志》则士琏所自辑,以其循登明之法而成功,故亦题曰"登明定",示不忘其所自也。

  王挺《太仓文献志》

  曹炜《太仓事迹考》《志余别存》《沙溪里志》十卷

  朱汝砺《太仓州志稿》

  黄与坚《太仓州志稿》二十卷

  顾湄《重编双凤里志》唐孙华序。《虎邱山志》《重修虎邱山志》十卷

  余天倬《太仓州儒学志》

  陈陆溥《县志辨疑》

  范本仁《直水志》

  顾成志《邑乘小识》二卷 有自序。

  顾张思《太仓土风录》十八卷

  陈土玈《太仓直隶州志备采》

  曹家珍《续沙溪志》

  时宝臣《双凤里续志》《直塘里志》

  冯恒《璜泾志略》

  钱宝琛《壬癸人物志稿》

  沈嘉澍《校订曲阜县志》一卷

(《宣统太仓州志》卷二十五《艺文》)

弇山园记

弇山园记

弇山园记一

自大桥稍南皆阛阓，可半里而杀其西，忽得径曰铁猫弄，颇猥鄙。循而西三百步许，弄穷。稍折而南复西，不及弄之半，为隆福寺。其前有方池，延袤二十亩左右，旧圃夹之，池渺渺受烟月，令人有苕雪间想。寺之右，即吾弇山园也，亦名弇州园。前横清溪甚狭，而夹岸皆植垂柳，荫枝胶互如一本，溪南张氏腴田数亩，至麦寒禾暖之日，黄云铺野，时时作饼饵香，令人有炊宜城饭想。园之西为宗氏墓，古松柏十余株。其又西则汉寿亭侯庙，碧瓦雕甍，嶕峣云表。此皆辅吾园之胜者也。

园之中为山者三，为岭者二，为佛阁者二，为楼者五，为堂者三，为书室者四，为轩者一，为亭者十，为修廊者一，为桥之石者二，木者六，为石梁者五，为洞者、为滩若濑者各四，为流杯者二。诸岩磴涧壑，不可以指计。竹木卉草香药之类，不可以勾股计。此吾园之有也。

园亩七十，而赢土石得十之四，水三之，室庐二之，竹树一之。此吾园之概也。

宜花，花高下点缀如错绣，游者过焉，芬色殢眼鼻而不忍去。宜月，可泛可陟，月所被石，若益而占，水若益而秀，恍然若憩广寒清虚府。宜雪，登高而望，万堞千甍，与园之峰树，高下凹凸，皆瑶玉目镜为醒。宜雨，濛濛霏霏，浓淡深浅，各极其致。縠波自文，儵鱼飞跃。宜风，碧篁白杨，琤琤成韵，使人忘倦。宜暑，灌木崇轩，不见畏日，轻凉四袭，逗弗肯去。此吾园之胜也。

吾自纳郎节，即栖托于此。晨起，承初阳，听醒鸟；晚宿，弄夕照，听倦鸟。或蹑短屐，或呼小舠，相知过从，不迓不送，清酒时进，钓溪腴以佐之，黄粱欲熟，摘野鲜以导之。平头小奴，枕簟后随，我醉欲眠，客可且去。此吾园之乐也。

守相达官，干旄过从，势不可却，摄衣冠而从之，呵殿之声，风景为杀，性畏烹宰，盘筵饾饤，竟夕不休。此吾居园之苦也。

园所以名弇山又曰弇州者何？始余诵《南华》而至所谓"大荒之西、弇州之北"，意慕之而了不知其处。及考《山海西经》有云："弇州之山、五彩之鸟，仰天名曰鸣鸟，爰有百乐歌舞之风。有轩辕之园，南栖为吉，不寿者乃八百岁。"不觉爽然而神飞。仙仙偠偠，旋起旋止！曰吾何敢望是，姑以名吾园，名吾所撰集，以寄其思而已。

乃不意从上真游，屏家室栖于一茅宇之下，偶展《穆天子传》，得其事曰：天子觞西王母于瑶池之上，天子遂驱升于弇山，乃纪其迹于弇山之石，而树之槐，眉曰"西王母之山"。则是弇山者，帝姬之乐邦而群真之琬琰也。景纯先生乃仅以为"弇兹，日入地"，夫弇兹在鸟鼠西南三百六十里，其中多砥砺，固可刻。而去陇首不远。二传皆先生笔，遂忘之耶？则不佞所名园，与名所撰集者，虽懹然愧，亦窃幸其于古文暗合矣！

自余园之以钜丽闻，诸与园邻者，游以日数，他友生以旬数。而今计余之迹，岁不能五六过，则余且去而为客，乃犹窃弇山之号，而又重之以记，得无尚有所系耶？

夫志大乘者，不贪帝释宫苑，藉令从穆满后以登弇山之颠。吾且一寓目而过之，而况区区数十亩宫也。且吾向者有百乐，不能胜一苦。而今者幸而并所谓苦与乐，而尽付之乌有之乡，我又何系也。夫山河大地，皆幻也。吾姑以幻语志吾幻而已！

弇山园记二

自隆福寺而西，小溪渺渺，垂柳交荫，而吾园寔枕之，扁其门曰弇州。语具前记中。入门则皆织竹为高垣，傍蔓红白蔷薇、酴醾、月季、丁香之属。花时，雕缋满眼，左右丛发，不思而馥，取岑嘉州语名之曰惹香径。径至西而既得平桥曰知津，取弇山堂道也。高垣之左方，以步武计，杂植榆柳、枇杷数株，藩之以栖鹤，始有馈余兹禽者，后先六头，每交吭群唳，声彻云表。以鲜食裁之，留其二，名之曰清音、栖静，夜所时得也。右方除地为小圃，以圳计，皆种柑橘，土不能如洞庭，名之曰楚颂。取苏子瞻语也。径之阳有墙隔之，中通一门，颜之曰小祇林。始之辟是地也，中建一阁，以奉佛经耳，小祇林所由名也。既益之以道经，又辅之以岛树、台馆之属。余志日侈，胜日益廓，而去兹名远矣。颜之志始也。入门而有亭翼然，前列美竹，左右及后三方悉环之，数其名将十种。亭之饰皆碧，以承竹映，而名之曰此君，取吾家子猷语也。其左竹中辟为路，客游至此倦，少憩，所谓夏不见畏日，清凉四袭，逗不肯去者，此亦其一也。转而为竹之背，一乔峰独立而俯其首，若有听者。以与经阁相望也，名之曰点头石。取生公传语也。去峰之十武，得石桥，广而平，可布十席。向者往往于此候月，今以他胜处夺之，不能恒矣，名之曰梵生，取释迦于忉利天说法还王舍语也。盖至此而目境忽若辟者，高榆古松，与阁争丽，美荫不减竹中，而不为叫窱深黝。友人文寿承过此而乐之，古隶大书曰清凉界，甚怪伟。勒石立于桥之阳右方，循桥直上可数丈，得阁其左，石室藏佛道经，扁其左曰法宝，右曰玄珠。畏客之余，辄闯入其中以息蹄汰浊而已，不能遍幡阅也。启北窗，则中岛及西山峦色峰势森然，竞出飞舞，拏攫远者穷目，径迩者扑眉睫。阁之下亦宽厂，四壁令老以水貌，佛境宗风，列榻其间，随意偃息。轩后植碧梧。自此而北，水隔之路遂穷。阁之左有隙地，与中岛对，踞水为华屋三楹，以俟游客过者，历历若镜中花木禽鱼自来亲人，名之曰会心处。前植梨栗，来禽数十本。右则鹿室，以栖三鹿，与园丁共之。此吾园景之一也。

弇山园记三

知津桥者，跨小罨画溪，北亘数十百丈，溪尽而两山之趾出。步之，则皆在望。以其类吴兴之罨画而小也，故以名。其西临水五楹，中为门，张中丞肖甫摘曰城市山林。前有垣障之。稍折而南复西，则廓然一广除，欲截五洞庭树之作五老峰，力未能也。姑藩而种含桃，含桃成，岁得一解馋，花亦足饱目。其左方种如之，俱曰含桃坞。堂五楹翼然，名之曰弇山，语具前记。其阳旷朗为平台，可以收全月。左右各植玉兰五株，花时交映如雪山琼岛，采而入煎，啖之芳脆激齿。堂之北，海棠、棠梨各二株，大可两拱余，繁卉妖艳，种种献媚。又北，枕莲池，东西可七丈许，南北半之。每春时，坐二种棠树卜，小酒而醉。长夏，醉而临池，不茗而醒。游客每徙倚其地，辄诧谓余："此何必减王卫军芙蓉池也！"余谢不敢当。而会吾乡有从废圃下得一石刻曰芙蓉渚，是开元古隶。或云范石湖家物，因树之池右。池从南得小沟，宛转以与后溪合。傍皆红白木芙蓉环之，盖亦不偶云。循堂左而东，沿小罨画溪，一石坊限之，扁曰始有，其右坊扁曰虽设。称虽设者，以阻水故。度始有门，则左溪而右池，循池而南，其阴皆竹藩之，曰琼瑶坞。坞内皆种红白缥梅、四色桃百本，李仅二十之一。瑶言红，琼言白也。更西得小平桥，名之曰小，有取别入山道也。自是复折而北，沟十步一曲，黄石为砌，清流湾环可鉴，名之曰磬折沟。缘沟皆木芙蓉，即芙蓉渚立石处也。道左皆梅坞，而竹所不能藩者。傍出侵道其稍厂，梅益繁，名之曰香雪径。又厂则为一亭，前阻溪水，溪即磬折沟所入也。隔岸始得西弇山，怪石奇树，高下起伏。若坐若立，若舞若骞。日饱于兹亭之中，而游人往往过而忽之，故名其亭曰饱山。复折而东数十武，则径之事穷，得萃胜桥。

弇山园记四

萃胜桥者，踞诸山之口。吾欲于其阳立一棹楔，扁之曰海上三山，而力未能也。桥以石，颇壮丽。其下则诸溪之水皆会焉。其上可以北尽西弇山，东北尽中岛，东南取佛阁花竹之半。又以其虢得文漪堂之胜。所不能及者，东山耳！故名之曰萃胜。度桥始入山路，一石卧道如虎。南北皆岭，南卑而北雄。北岭之东南向者，一峰独尊，突兀云表，名之曰簪云。其首类狮微俯，又曰伏狮。右一峰稍亚若从者，曰侍儿。又右一峰更壮，而领中穿若的，曰射的。南岭诸峰皆前向，此仅得其背耳！由饱山亭望之可指数，一类古碑文，曰禹篆。余不载。路折而北，得一滩，群石怒起，最雄怪。为狮为虬，为眠牛，为踯躅羊者，不可胜数。总而名之曰突星濑。

濑之右皆岭。其据岭而俯径者，曰崒嵲峰，曰楚腰峰，皆以状也。一石屏，色若玉而坦坁可爱，曰白云屏。濑之源为蜿蜒涧，宛转数十折，入天镜潭。其一支穿缥缈楼下，以入潜虬洞与潭会。中多奇石可纪，大抵前抱缥缈，而后枕诸山，回伏皆因之，所以名蜿蜒也。去白云屏之亡何，径忽断，两石所不接者尺许。其下涧水湛湛通小龙湫。小龙湫者，顶螺旋如覆敦，三方皆奇石，嵒嶙而下，积水深窈。游客过之，骇谓若有物其中，故以名。湫之西南，一线道，佝偻而上，可以闯小雪岭。余尝游西洞庭石公之风弄。颇似之，名之曰石公弄。更十武许，得一岩坐磐石，其中倦可息也，曰息岩。自是俯径之峰，其拙者似傲，巧者曰残葛，曰碎衲。拙而大者曰太朴屏。石之似白云而稍苍者曰苍玉。几尽而得一蹬，可十级上，余戏名之曰误游蹬。所以称误游者，其脉自芙蓉池之西北，度小有桥，崇异若马脊，皆植桂，凡数十百树，曰金粟岭。自此复夷，缘磬折沟。沟尽而得石蹬十级，以上有亭一，可以观田中获，名之曰省获。其又坦上十步许，一茅亭踞之，故文博士寿承尝为余古隶乾坤一草亭，结法甚佳，固扁之。抵此，则西原之野色尽矣。亭阴则小龙湫顶，度而稍西北折，有白石数峰，因名之小雪岭。循而至误游蹬，所谓似傲、太朴诸峰，皆道傍物也。客沿涧得蹬便陟，迤逦而出，忽不知其至小有桥，为故道，始悟向者陟之误也。由误游蹬复西，俯涧之石有曰黑云堆者，有曰千年菌者，以其甚故名。

他可名峰石殊众，倦不能署笔矣。寻得一洞，入夷而出险，洞中石皆倾崎崖陨如相角者，名之曰陬牙，取《高唐赋》语也。

东南攀蹑而上，得平台，即洞顶。傍植灵湫、玉兰、胡桃之属。一峰南向曰玩客。稍东南数武一峰曰指迷。自是，大青石梁横亘之最雄丽，名之曰青虹。循青虹复西而下，入洞屋，其上则缥缈楼也。南壁皆巧石堆拥，绝类飞来峰。下有小悬崖，适得旧刻石米元章所题画布袋和尚像岩其中，名之曰契此岩。契此，和尚名也。北则设连床，半出檐外，可以尽承南岭之胜。余每春尽坐此，北风吹落，花满巾帻，依依不忍去。右折梯木而上，忽眼界豁然，盖缥缈楼之前广除，向入山所得簪云三峰皆在焉。左锦川，一峰森秀，真蜀锦也，名之曰浣花。自此遂陟缥缈楼，取少陵"城尖径仄，独立飞楼"语。又以洞庭西山岭名名之，尺鷃逍遥，不自知其非九万也。此楼是三夅最高处，毋论收一园镜中。启东户则万井鳞次，碧瓦雕甍，纤悉莫遁。启西户更上三级，得台下木，环以朱栏。西望流水如练，马鞍山三十里而遥，水落自露。北望虞山，百里而近。天日晴美，一抹弄碧，名之曰大观台，又曰皆虞榭，皆不及马鞍者，志远也，他美略矣。

楼之下左降得方台，砥平悬崖，而下距天镜潭数十尺，收西山之胜最切，而摄月最先。坐此令人意自远，名之曰超然台。一峰多嵌空而不能透，曰逗云。一峰俨若垂绅者，曰端士。一石若面首而椎者，曰巫髻，皆台饰也。楼南稍东得石蹬，十级而下曰云门。又东北，十级而下有门曰隔凡，则吾三夅之第一洞天也。空中靓洁，或明或晦，乳窦涔涔欲滴，巉岩蠮锜，若喈若搏。其水左与天镜潭合，然上皆怪石覆之。北取蜿蜒涧，渺渺而入，俯窥之若一星，以其窈窕不易测也，故名之曰潜虬。而亦会□□□□□□，昙阳子笼灵蛇于是，不二时而失之，旬日而见于徐墓，其义盖亦吻云。

洞中石蹬凡再断，游者过之，必鱼贯以手，乃其足犹蹒跚也。出洞则复旷朗。稍南为枕流滩，以其阤污时浸水也。傍多美石，曰鹰喙，曰小玲珑者。更北遇小石梁，正值青虹之下，与相映带，因名之曰雌霓。复入陬牙洞，转登故台，少西得一亭，植树环之，曰丛桂。寻返抵台，则取中夅道矣。台虽痹，以其绾三夅之毂也，名之曰绾奇。由绾奇而下数级，复诸峰汇之。稍有石傍出于水，可以钓，名之曰忘鱼矶，取王弘之语意也。矶傍有一石垒出，骧首欲奋，曰鳌头。已复折而上，四周皆峰石，石虢杂植红白梅，白者十八"一亭亭焉曰环玉，傍有锦劈二峰，劈峰独擘云而上，曰独秀。小转抵月波桥，而西夅之事穷。"

弇山园记五

　　西弇之事穷而得水，与中弇隔颇远，为桥以导其水，两山相夹，故小得风，则波乘月过之，溶漾琐碎可玩。适有遗蔡君谟《万安桥记》者中"月波"二字甚伟，因摹以颜桥楔之楣。度桥，一峰骨立当之，宛然陆升平所貌也，名之曰古廉。前为壶公楼西壁，右则饶峰石之属。转而南，皆踞水。郁律魂魄，嵌空虚中，各出其态，以媚游舫。稍出水则益奇有若双举肘者，曰拥袖；若昂首而饮者，曰渴猊；有若尾渴猊而小者，曰猊儿；有若飘举者，曰凌波；若憔悴将溺者，曰悯湘。余故不办枚举也。不数武为率然洞，其上下平而左右饶石骨，以其修且谽谺也，类若为率然所中穿者，故名。洞且尽，两石夹之，俨然两阍人，左高而瘦，右卑而古，总名之司阍石。其西南折而下，有磐石卧水，亦钓矶也。以其距藏经阁小迩，为唤渡处，名之曰西归津。复循洞口东转，度清波梁，其下穿漱珠涧口。自此踞水之峰，有赖白玉者，有类苍壁者，皆古而多穿漏。其苍者尤奇，名之曰天骨，白者曰楚琢。小转而南，两壁上狭，一石卧之，曰小云门。自此转而入峡矣。峡两傍有怪石，叫窾阴洍，仰不见日。缘涧而转，委曲溯沿，两相翼为胜。尝谓峡高不能三寻许，而有蜀夔府岷峨势。涧傍穿不过数尺，而乍使灵威丈人探之，当必有缩足不前者。此中弇第一境也。

　　峡将穷，得一石，扣之，其声冷冷然若搏磬。家弟过而乐之，名其峡曰磬玉。余名其涧曰漱珠，要以不能尽发其美为恨。由磬玉峡再转可十五级，而得石栏翼然。启左扉而入，抵中楼，凡三楹。其前则为石壁，壁色苍黑最古，似英又似灵壁，�砑搏攫，饶种种变态而不露堆叠迹，钱塘紫阳庵一二处仿佛近之，曰紫阳壁。客谓余："世之目真山巧者曰似假，目假之浑成者曰似真。此壁不知作何目也！"壁之顶皆栽桧子松，高不过六尺，而大可把翠色、殷红、朱丽。启北窗，呀然忽一人间世矣。涟漪浃溆，与天下上朱拱鳞比，文窗绮接，极目无际。东弇西崦，以朝夕斗胜，颜之曰壶公，谓所入悭而得境广也。左正值东弇之小岭，皆绯桃，中一白者尤佳。适与敬美春尽过之，尚烂熳刺眼，因名之曰借芬。右室于冬时遥睇缥缈雪色甚快，名之曰含雪。楼之下前后所获境，与楼埒。稍东承檐溜处，产芝已三阅岁矣。每产时，其阯不雨而润。上有紫气，受日晶荧，因名之曰荣芝。所自含雪之前廊可三级，转而南一室，世尊坐莲花俨然，名之曰梵音阁。借紫阳壁顶松风名也。出阁右盘而上三级，则为绝顶，曰虹缭峰，又曰玉玲珑。亭亭雾表，是洞庭第一佳者。其左稍次曰漏月峰，更次曰盘陀峰。右次锦石一，曰衲霞峰。复左盘而下，时时得佳石，独锦峰一，尤精丽，是蜀品第一佳者，名之曰青玉笋。自此穿一石梁，其下即磬玉峡，名之曰鳌背。度鳌背，有亭亘焉。入亭无他奇，而涧峡之卉时时入户，与壶公楼步武。客候楼镝不时启，于此小憩，名之曰徙倚。自徙倚亭而南折下数级，得东泠桥，而中弇之事穷。

始余失策为愚公，其治山独兹弇最先就绪，而所徙乃吾麋泾故业，最饶美石，皆数百年物，即山足可峰也。所徙即非石而树，山礐矮松，一尺九节，虬屈拥膴。他桃、海棠、栝之属，若慕之而争为奇者，峡仄涧迫，枝叶樛，游人过之，坠帽钩袂相踵接，而益称快然。吾意未已，复有东西弇，故曰愚公也。

弇山园记六

度东泠桥，一峰当之，曰窈窕峰。自此而南有二峰，一高梧、数桃树甚茂。又南为舫屋，然皆非取东泠道也。折而北，一斧劈峰曰青峭，又一峰曰拙叟。东转皆曲径，逶迤而上数十武，一峰斜睨若贫姥颗，曰碧皱，遂得亭。北向，其左茂树深涧，幽阒可人。盖至亭而东弇之胜始显。自此分二道以出，故名之曰分胜亭。

阳道由正北穿小石门微辟，右方一高峰，文理皱皱若裂，名之曰百衲。其次而庳者亦如之，曰小百衲，类僧与其雏偶语者。稍西一峰最崇而两尖相向，山师名之曰蟹螯，或以其俗，请易之。余谓此晋毕吏部语也。使我得君山酒满池，以此佐饮何快！如是遂不易。东北斜上三级得广台，是流杯处。其台凿石为芙蓉屏，石西面，修可五尺余，广倍之，曰云根障。得水则杯泛泛由嶂下，窦穿芙蓉度，客争取之，至湿衣屡不顾也。石芙蓉之水东注，一峰下泻于池，怒激狂舞，俨然小栖贤也，名之曰飞练峡。徐凝诗"故恶"二字，却殊不恶耳！然飞练、蟹螯螯二胜，皆以泛舟始出之，余不能尔！由流觞所十余级而下，始为大滩。回顾一峰北向，若首肯滩景状，曰挹清峰。滩势直下，往往不可收足，第最宽广，狠石四列，垂柳绯梅，蜀棠交荫。憩之，则池与南荣、画栋、两崦、岚壑，昏旦晦明之趣尽入阿堵。读康乐"清晖娱人"语，真足忘归也。因目之曰娱晖滩。左望一石甚丽，曰锦云屏也。从东南探径窦，侧足而上，为云根障之背。双井肩并，有辘轳，盖汲水以流杯处。俯瞰沉沉，若虎丘剑池。复东数级而下，得老朴，大且合抱，垂荫周遭半亩。傍有桃梅之属辅之。始僧售地，欲并伐此树以要余。余谓：山水台榭皆人力易为之，树不可易使古也。益之价至二十千而后许。为亭以承之，曰嘉树。朴，恶木也，而冒嘉名，亦遇矣。亭北枕池，而南临涧。又藉树荫，虽小致，足恋耳！傍亭一峰，遥望之若莲花，近不尽然，故名之曰似莲。自嘉树亭折而东，一石梁正碧色，曰玢碧梁。东上三级复西北转，迤逦而上。得一岭若案。稍北一岭若驰脊，前后九栝子松环之最茂。每日出如膏沐，青荧玲珑，往往扑人眉睫。松实香美可咀，曰九龙岭。亡何抵三步梁，其修不能过三步也而险。自此折而下，已宛转复上穿，得美篆为径，抵振屧廊而止。此所谓阳道也。

阴道皆幽径。俯涧折而北，蹑蹬下稍东，复折而南，凡数折，始为山神祠。祠傍一树，斜穿垣而南，以荫僧沼。复转而荫我。其右一树，大亦如之。皆出重价购之僧者。其材不中直五之一也。祠西傍出一道，由玢碧梁下度，可以俯窥留鱼涧之胜。留鱼涧者，首分胜亭而尾达于广心池，最修而纡，几贯东弇之十七。两傍皆峭壁数丈，宛转将百曲，即游鱼入者迷不得出，故名留鱼。花时落英堕者，亦积不得出，故一名留英。大抵客游自阳道，则池与涧之胜各半得之。其自阴径，所玹涧而已。径不为叠蹬，上下甚峻而滑，忽起忽伏。其上则袂相挽，小断则蹶。下则履相踵，小近则啮。以故游者或苦之。而振奇之士，更栩栩夸快。涧尽，其阴径出而得池然再断。断之中为平坡，其再断之中复再断，而中叠石以度。度者必振衣而跃乃先济，曰振衣渡。游女至此，往往怯而返，又曰却女津。过此，则绕敛霏亭之后转入亭。敛霏亭者，遥与先月亭对，盖西崦之落影浴焉，故名亦取康乐语也。自是，与故道之出山者会，而为振屧廊。大抵中弇以石胜，而东弇以目境胜，东弇之石不能当中弇十二，而目境乃屣之。中弇尽人巧，而东弇时见天趣。人巧皆中擛，而天趣多外拓。时有二山师者：张生任中、西弇，吴生任东弇。余戏谓“二弇之优劣，即二生之优劣，然各以其胜角，莫能辨也”。

弇山园记七

由西弇山而东至环玉亭，而西山之事穷。北折得石门，榜之曰惜别。峰所不能尽者，间值三四焉。自是皆土山，蛇纡而上，杂植美筱，垒石为藩。其右大有余地，拟荫美木未遍，复纡而下。其左傍广心池，一草亭当其阯。夜月从东岭起，金波溶溶，万颖注射。此得之最先，名之曰先月亭。而北复为石蹬，大小数十峰，参差磊块，以阻出山道耳！溪水隔之，榜其上曰知还，取陶彭泽语也。已渡桥稍东，为文漪堂。

堂俯清流，湘帘朱栏，倒景相媚。微飕徐来，縠文熨皱，正值中岛之壶公楼。夜分，灯火相映带，小语犹闻。何但丝竹，吾不知于西湖景何如？彼或以远胜耳！堂有三壁，间取《文选》诗句稍畅丽者，乞周公瑕擘窠书，是生平得意笔。左壁平湖，右壁雪岭，则皆钱叔宝为之，而雪岭尤壮。出文漪堂左折而入，得一门曰息交，忽呀然哆豁，盖广除也。堂三楹踞之，殊轩爽。四壁皆洞开，无所不受风。间植碧梧数株，以障夏日耳！名之曰凉风堂。俟梧成，当取崔济南语，名之曰风条馆。由堂西数武曰尔雅楼，一曰九友。所以称九友者，余宿好读书及古帖名迹之类。已而傍及画，又傍及古器，炉鼎酒枪。凡所蓄书，皆宋梓，以班史冠之。所蓄名迹，以褚河南《哀册》、虞永兴《汝南志》、锺太傅《季直表》冠之。所蓄名画，以《周昉听阮王晋卿烟江叠嶂》冠之。所蓄酒枪，以柴氏窑杯托冠之。所书古刻，以定武兰亭太清楼冠之，凡五友。僭而上攀二氏之藏，以及山水并不腆所著，集合为九。郧中归，思时郁郁为歌以志寄。盖未几而遂纳节之请，九友居吾楼，始获昕旦矣。

阁前俯方沼，下蓄金鱼数百头，饵之则群起。适得米元章所书墨也，二大字勒石嵌于治之阳。盖稚子时，时用涤砚，亦实录也。楼西通一窦，稍迁之，复得三楹。中室以奉三教像，名之曰参同。左室多藏宋梓书，名之曰少宛委。右则暖室也，蕴火以御寒，名之曰禰云窝。中庭数拳石隐小穴斛。垣外水绕阶为流杯，西穿暗室，出猊口，注墨池，瀸瀸盈耳！吾以穷腊栖禰云，以深夏息凉风。其他则朝夕坐尔雅，随意抽一编读之。或展卷册，取适笔墨。天所以假我者，滚滚不竭酒。天所以酬笔墨者，数飞白不醒，亦足以老矣。一旦悉舍之而事空王，一瓢一褐一团焦束身，向所谓尔雅楼，今仅四立壁耳！九友之去为何？人主不复问也。

出息交门而为庖厖食廪酒库。又西有楼五楹，藏书三万卷，傍之曰小西，今亦为儿子辈分去，存空名耳！楼之前高垣，其下修廊数十丈，枕广心池，即由文漪堂出别墅后道也。自弇山园而入者，至此眷眷不忍别。出别墅者，豁然若得天地，人人思振躐焉，名之振躐廊。

始乞尤子求画壁作武陵源，而俞仲蔚以行草书记及诗，足三绝。一夕大风雨，倾坠无余。余乃杀其左右之太高者，而中为楼三楹，其下不废。廊而楼，一胜地，游者快之，不复追忆前画壁也。廊穷为门曰与众。折而北，复为门，枕通流，榜曰琅琊别墅。稍东度一桥，又东则余今所作菟裘以居三子者也！

弇山园记八

　　山以水袭，大奇也。水得山，复大奇。吾园之始，一兰若傍耕地耳！垒石筑舍，势无所资。土必凿凿而洼，则为池。山日以益崇，池日以洼且广，水之胜遂能与山抗。其源自知津桥南，有斗门，外与潮合而时闭之。稍北则为藏经阁，阁地若矩，四方皆水环若珪。左方稍前，跨为石屋三间，以藏吾舟。其一舟具栏楯，幂以青油，可坐十客。其一狭不容席，呼酒网鲜而已。舟行，阁前平桥不可度，两岸皆松、竹、桃、梅棠、桂，下多香草袭鼻。

　　直北可数丈，则为中弇之东冷桥。桥下两岸皆峭壁，犴牙垒出，寿藤掩翳，不恒见日。紫薇、迎香、含笑之类，时时与篙斟，是曰散花峡。循而东，首睹所谓蟹螯峰者。决流杯水，观瀑布之胜，溅人面。稍循而东，傍快然滩，是泊之最胜处。更东抵嘉树亭，折而北至敛霏亭。沿振屦廊，泊文漪堂，于此唤酒炙，乃环小浮玉岛。小浮玉者，其高不盈尺，广十之，以水长落为大小，为其类吴兴碧浪之浮玉也，故名。

　　岛之南，则可循壶公楼摘红梅、碧桃花。西傍先月亭，沿土山而南，出月波桥，迥然别一天地矣。澄潭皎洁如镜，西中两弇夹之，峰势或近或远，近者如媚，远者如盼。其中弇则梵音阁之辅，峰皆出西弇，则潜虬洞、西冷滩之景在股掌间。折而南稍东，则为中弇之面山。稍西穿萃胜桥，则为西弇之面山。是皆弇之最胜处。一转楫即得之，名之曰天镜潭，取青莲"月下飞天镜"语也。其直南入罨画溪，抵知津桥，而水之事穷。

　　吾尝以春日泛舟，处处皆奇花卉色，芬飘目鼻，当欲谢时寄命。微飔每过，酒杯衣裾皆满。花事稍阑，浓绿继美，往往停桡柳阴，筱蕶以取凉。适黄鸟弄声，喈喈可爱。薄暝，峰树皆作紫翠观。少选月出，忽尽变，而玉玲珑嵌空掩映千态，倒影插波，上下竞色。所不受影者，如金在镕，万颖射目。回桨弄篙，迸逸琐碎。惊鳞拨刺，时跃入舟。间一奏声伎，棹歌发于水，则山为之答。鼓吹传于崦，则水为之沸。圆魄之夕，鸣鸡自狎。毋论达丙而亡倦色，即曙光隐约浮动，客犹不忍言去也。曰：吾不惮东曦，安能使东曦之为西魄也。盖弇之奇果在水，水之奇在月，故吾最后记水以月之事终焉。

　　弇山园俗呼王家山，在隆福寺西，尚书王世贞筑，广七十余亩，中矗三峰：东弇、中弇、西弇。俗呼西为旱山，东、中为水山，极亭池卉木之胜，为东南第一名园。世贞自为八记。今废。

弇山园记总跋

余草《弇山园记》凡八篇，余八千言矣。而意犹有未尽者，复赘数语于后。始余卧离蘙园之鷾适轩，与州治邻，旦夕闻敲扑声而恶之。行求得隆福之右方耕地，颇僻野，而亦会故人华明伯致佛藏经于其地，建一佛阁以奉之。前种美筱环草亭，后有隙地若岛，杂莳花木，讽经之暇，一咏一觞于其间，足矣！

辛壬间，居母氏忧，小祥，谢客无事，而从兄求美必欲售故乡之麋泾山居，得善价而去，山石朝夕堕村农手，为几案磖盎之属，巧者见戕亡赖子弟。不得已，与山师张生徙置之经阁后，费颇不赀。其西隙地，市之邻人者，余意欲筑一土冈，东傍水，与今中弇相映带，而瓜分其亩，植干果佳蔬，中列种竹柏，作书屋三间以寝息。而亡何，有楚臬之除，余故不别治生，与仲氏产俱以授家干政，其人有力用而侈余。自楚迁太仆，则所为土冈者，皆为石而延衺之，倍中弇再矣。余亦不暇问。自太仆领郧镇，迁南廷尉以归，则东弇与西弇之胜忽出，而文漪、小酉之崇甍杰构，复翼如矣。时余推故第，敬美徙居其间，乃复治凉风台、尔雅楼及西山书舍，则余指也。

盖园成而后，问橐则已若洗，第惜政材不能给。余以山水花木之胜，人人乐之，业已成则当与人人共之，故尽发前后扃，不复拒游者。幅巾杖履，时相错间。遇一红粉，则谨趋避之而已。客既客目余，余亦不自知其非客，与之相忘。游者日益狎，弇山园之名日益著。于是，群讪渐起，谓不当有此乐。

嗟乎！贤者而后乐此，余岂有胸无心者，第一时纽成事，不能如吾家仲宝，毁长梁斋之易。今悉弃去，弗愿戢身一团蕉，草衣木食以没齿。犹喋喋为此记者，欲令子孙知吾过耳！

李文饶，达士也。为相位，所愚至远。谴朱崖身既不长有平泉之胜，而谆谆焉戒其子孙，以毋轻鬻人。且云：百年后为权势所夺，则以先人治命泣而告之！呜呼！是又为平泉愚也。吾兹与子孙约，能守则守之，不能守则速以售之豪有力者，庶几善护持，不至损夭物性，鞠为茂草耳！且吾一转眄而去之若敝屣，吾故不作李文饶之不能为主，而吾能不为主似尤胜之。子孙晓文义者，时时展此记足矣，又何必长有兹园也。

（《吴郡文编》卷一二八《第宅园林一八》第二五三～二六三页）

太仓州志附录

附　　录

弇山园

　　弇山园,亦名弇州园,初称小祇园,在龙福寺西。王司寇世贞所筑也。广七十余亩,中为山者三,曰西弇、东弇、中弇,岭者二,佛阁者二,楼者五,堂者三,书室者四,轩者一,亭者十,修廊者一,桥之石者二,木者六,石梁者五,为洞为滩,若濑者各四,流杯者二,诸岩磴涧壑不可以指计,竹木卉草香药之类,不可以勾股计。弇州以为居第,足以适吾体而不能适吾耳目,计必先园,而弇园最先成。取弇州、弇山者,因《庄子》《山海经》及《穆天子传》有弇州、弇山,皆仙境也。弇州伯仲为三园,余复有八园,郭外二之,废者二之,其可游者四园而已。

题弇山园

明　王世贞

惟古弇州西,国以君子称。其人皆胡耇,少者亦铿铿。

中有五色鸟,仰吭向天鸣。金母饯周穆,琬琰镌令名。

海上吐三山,俨若芙蓉城。云根秀特出,风岩类削成。

游者诧天丁,焉知人所营。转徙一亩宫,其宽不容肱。

性情岂不怡,余适乃忘情。长生岂不佳,余学在无生。

又　题

踏遍名园意未舒,大都京雒贵人居。穿钱作埒难调马,镂石铺池碍种鱼。

似比幼舆输一壑,转令元亮爱吾庐。兴来呼得尖头艇,煨芋烹鲜信所如。

屠长卿使君见过弇园与曹子念同登缥缈楼分韵

促膝相夸惬所闻,不须呼酒便能醺。高情已是倾中散,奇字那能敌子云。

谈后湖山如得色,坐来天地尽成文。还怜解遘西京远,牛耳于今渐属君。一倚醉仍登百尺楼，欲将风物供明眸。半规虞岭披云出，如练娄江抱郭流。
八咏汝应推沈约，一觞吾可废曹丘。莫疑三老催呼棹，恐有精光犯斗牛。二

彦国过小祇园有作奉和

祇园当暑度秋风，一榻初怜驷马同。授简汝真为上客，移山我自爱愚公。
花间暝色论诗后，松岭泉声瀹茗中。说与世人应解妒，老专丘壑大江东。

兵宪王君德敖过弇山园颇述泉石之美走笔奉寄

一壑中年属谢家，祇缘青绶离青霞。衡门客过题衰凤，小队春闲驻浣花。
已借使君为地主，可无诗句忆天涯。郧江亦号羊公府，卧阁萧条负岁华。

明卿诸君再过弇园分韵得园字

日日呼儿扫荜门，即看春事为谁繁。论心自合平原酒，有句重过何氏园。
移病故人当不厌，避贤词客暂称尊。谁怜清胜无多具，报尔空梁落月魂。

甲申中秋夕成伯寅叔复携酒弇园楚人李惟桢来不疑辈在焉颇具歌吹之乐得一首

弇园寂寂已经年，忽有新飔弄管弦。楚客自能鸲鹆舞，吴侬偏爱鹧鸪篇。
携来群从兰心美，折后双枝桂魄圆。尘世明朝应诧说，猴山此夜有群仙。

山童言游客放歌折花者戏答之

有例何曾问主君，六么三雅任斜曛。主人纵在茅檐底，唱彻龟兹也不闻。一
酒后看花不碍贫，惟求酒后护残春。不辞树树凭攀折，辜却明朝花下人。二
平泉花木四时春，抛作朱崖万里身。争似弇园三五步，尽将春色付游人。三

游弇山园

唐时升

春阴拂草轻，晓色趁花明。旧种多留姓，新枝半未名。
彩云终不散，香雾自长生。艳绝宁辞醉，全添粉黛情。

过弇山园怀王大司寇元美公

董嗣成

一代文章推国工，纶竿龙卧海云东。烟霞缥缈神仙阙，台殿参差帝子宫。
月满镜湖思贺监，草荒玄阁忆扬雄。空留壁上题诗处，夜夜青天落彩虹。一
名园胜地筑三弇，矗石干霄缀蔚蓝。未得青天追李耳，空从白鹤问苏耽。
瑶枝玉树封仙洞，幽草慈云护佛龛。零落山丘千载恨，不禁清泪洒羊昙。二

重游弇园

陈子龙

放艇春寒岛屿深，弇山花木正萧森。左徒旧宅犹兰圃，中散荒园尚竹林。
十二敦槃谁狎主，三千宾客半知音。风流摇落无人继，独立苍茫异代心。

弇园和宣鲁瞻韵

徐石麟

入槛已惊别，登楼势绝殊。遥看落空翠，细视只虚无。绣霭雕阑近，崩云峭石扶。
林穷转幽仄，如欲遇麻姑。

（《吴采风类记》卷九《太仓州》）

太仓诸园小记

王世贞

吾州城睥睨得十八里，视他邑颇钜。阛阓之外，三垂皆饶隙地。而自吾伯仲之为
三园，余复有八园，郭外二之，废者二之，其可游者仅四园而已。今世贵富家，往往
藏镪至巨万，而匿其名，不肯问居第。有居第者，不复能问园，而间有一问园者，亦
多以润屋之久，溢而及之。独余癖迂，计必先园而后居第，以为居第足以适吾体，而
不能适吾耳目，其便私之一身及子孙，而不及人。又园之胜在乔木，而木未易乔，非
若栋宇之材。可以朝暮而夕具也。于是，余弇园最先成，最名为胜，而天下之癖迂亦
无不归之余者。余记余园，因次第记之。

田氏园者，故镇海卫千户田某所筑也。去居第卫左穿一弄而东百步，有隙地而垒
石为丘。高不过寻丈余，广袤什之。太湖石仅数峰，亦非佳者。亭馆桥洞之属，具体
而已。顾独有大树十余章，美荫婆婆，而池水亦缈弥，垂柳环之，可泛，然不晓为舟。

始某以嘉靖癸未山成，而其子参将生，故名之曰应山，后积战功，大官其橐累数千金归，而好陆博侠游。又以訾谋复用败。因游贵竹成都之帅幕，皆不遇，狼狈归。其园今鬻之大司马凌公，所谓匿其名者也，故不复修治，所谓大树者亦几尽。

安氏园者，在州之震方，最僻而雅。前阻小溪水，溪外为廛市。其右与其阴皆稻田，农欢历历在耳目。左通一门而入，除竹为径数十武，得一室，下踞桥之折，而南北宛宛复为修径。藩其右以圃，皆种梅桃杏李、林檎之属。中有亭一、茅舍一，其北径尽稍西为莲花池，水亭据之，中为门以入，则前堂阁东荣之书室及庖湢皆在焉。园之主人曰邦者，罢江右之司训归，则日夜课园丁种植溉壅不休，以故，花之事独先，其果蓏足自给，而竹亦独蔚茂甲于他园。主人年八十矣，犹时时杖屦摄容，然好面折人，人畏之。而嗣子仁，能具家酿，盘飧最名丰腆，客之黠者绐之主人入卧，因盘薄竟日夕。

王氏园者，元驭宗伯所治也。始其大人封詹事公，辟地于宅之后，东西可三百余尺，南北三之。其阳为菜畦，盖皆潘河阳赋中所艺也。畦尽，限以修垣，窦而入十余武，则横隔大池，一桥蜿蜒其上。循桥而得径，其右方为亭，亭之上为榭，明瓦覆之，朱栏四周。亭前垒石成小岛，盎沼滟滟。其下有襄阳人者，能于石虢引机作水戏，亦足供嗢噱。左方池稍广，前堂五楹，后廊楹如之。种牡丹多至三百本，菊之倍者再。盖詹事公父子他无所好，顾独好花，于花独好菊、牡丹。花时，驰价募购，亡论近远。而姻党家有奇木，往往辍以赠，公大合乐，高宴酬之。时积岁累，殆不可指屈。公捐馆后，元驭痛不忍料理，当非复旧观矣。二花外，多名种皆果，而其最奇者，曰蘋婆，曰麝香红李、寿星桃。

杨氏日涉园，故都督尚英所筑也。详具余弇山稿。盖园成之载而都督卒，其子指挥之庆不能守，遂以峰石售之人。地今悉归崇明郁氏，有竹木蔬果，转盛而亡游者。

吴氏园者，在州南之稍东，最为阛阓。而园屏居第后，地不能五亩。屈曲呼门，由左方而入。一楼当之，前为方沼，沟于楼之下，以通后池水。楼不甚高广，而颇敞丽。启西窦而出，则可以步武。岩岭曲折，上下有亭有台，皆具体而微。山之阴，华堂面之。山之右，层楼俯之。堂之左，平地浸之，中为曲桥以度。东沂亦有亭冠其阜。后始稍稍见箖竹。竹尽而园之事穷矣。大抵楼高于山，墙高于楼，不令内外有所骋目。而又严其镝，无敢闯而入者。至于榱栋之华焕、供张之都美、酒食之腆洁，非士大夫与所亲狎，莫能与〔一〕也。主人为太学云翀。其祖父以赀倾州邑，然不晓有客。至云

〔一〕　另见《弇州山人续稿》。

翀始稍知客。又好酒而文。其园最晚成而最整丽，虽于山林之致微，然亦差不俗矣！

季氏园，吾师观察公所有也。在南门外度津桥稍东，枕濠水。有轩一、楼一，皆绝庳小。惟中汇大池若方镜，亭于中央，桥通之。轩四隅皆艺牡丹，其右方一台，四隅亦皆艺牡丹，有红于猩血者，白于阗玉者，紫于甚而香者，其大若盆盎，高至尺许，而玉楼春一株特出墙表，数之可得二百朵。观察公惟不食酒，然花时召客，以大白泛之，必令醉而后已。盖观察之子颖好种花，于牡丹为独精，故能致其盛如此。詹事欲悉力雄胜之，不能也。园中侧柏一株，奇秀甚，尤诸圃所无。世父糜场泾园雄丽，始为吴地冠。捐馆地为吾伯氏所，狼藉几不可游。余季氏尝乞余言记之，以志不忘而已。后余治中弇，石从而徙，然仅十七耳！今之土冈、溪池、竹柏犹有存者，以余记考之，或得其仿佛也。

曹氏杜家桥园者，乡进士茂来所治也。去城北五里得之。杜氏故尚袭之。其地多乔木，森然而古。长夏之际，虬龙舞空，赤日不下。修竹千挺，苍翠交映。一池澄泓，水亭踞其上。中叠石若三山者，今皆去之。层阁丙舍，可居可游，可以读书。其城市非远非近，沽酒买鱼，不至淹客。茂来性好治园墅，在吾州城者一，故居沙头者二。甫成，得少时息，则厌而它徙。晚节筑舍于玄墓，不胜其寂，徙筑虎丘，与所知一二人读书吹笛，缮性而已。杜家桥园，子孙时肄业其中。春时，亦有载酒游者。余三园多芜，而沙头一园大池数亩种鱼，鱼巨而肥。玉兰木樨，株可数围，高出堂表。余欲游之不果，今以为恨。

余治郧时，所部近洛阳，颇加询访。今郡城仅得四分之一，所见惟公署廛舍而已。城外亦有土圃十数，种牡丹芍药。二水既改徙而远，亦仅涓涓于李文叔所记，夹池修竹之胜，无一存者。然赖兹记而至今叶牛色，人读之，尚犹有欲振展而从者。吾州诸园培塿耳！视吾郡故不能十一。三岁不垦，则牧地矣。然则兹记，其可以已哉！

（《吴郡文编》卷一二八《第宅园林一八》第二五○～二五二页）

先伯父静庵公山园记

王世贞

循糜泾而西者，曰大王父司马公第。袭第后稍西偏而枕泾者，伯父静庵公园也。入园，松亭翼然已。屈松柏为左右屏已。又屏松柏为鹤鹿者各二，折而西，则东山之趾在焉。有亭瞰崖而下俯。稍西为静庵，中五楹，两序半之。出庵，折而西又数十武为山堂。堂之南有台，列怪石名卉，东西修竹绵亘数百武，辟堂扉而北，则杳然别一天，为大方池，中浸芙蓉菱芡。左右石门以入山，分为二桥，各有亭踞之。其水左深入石洞，为石梁以度，抵一崖而止。崖前凿磐砺，莲花引水，浮杯渺渺。自崖隙出水，右度桥而穷。复为深涧，上横石以道，而西抵礜石山，被以白华，曰雪山。诸山辅皆土冈，委曲抱麇泾，若率然之脊，万松鳞鬣之。山之胜不可尽数，大抵石巧于取态，树巧于蔽亏，卉草巧于承睐，亭馆巧于据胜而已。其所谓石，则太湖、武康、斧劈、昆英之属，果则桃李、梅杏、橘柚、枨柑、枦梨、樗枣、燃柿、含橘、卢橘、来禽、郁棣、杨梅、楉槑之属，树则梧槚、梓栝、椑柏、杉桧、黄杨、柽榉、檘枦、胥余、栟间、女贞、椿榕之属，卉草则蜀茶、海棠、辛夷、玉兰、蕙芷、穹穷、搏且、芙蓉、芍药、牡丹、合欢、忘忧、青萝、苍荔之属，各以百千计。亭馆可再屈指数，盖静庵公自罢藩幕归，甫三十年中间，即非负危痾、峻风厉雨，未尝暑刻不之园。其所规壁匠缔，旦损夕益，往往出人意表。以故精丽甲东南。虽夙称名园者，逊弗能抗。

　　余自为诸生，则已侍静庵公杖履游山中。每春夏交，苍翠四封，蹊径殆绝。裁霞襟彩，因风回荡。穿幽漏明，芬芳徐出。琅玕峥嵘，青葱峭旧，爽沁脾腑。百羽萃止，弄暄诉悽。啁啾嘤嘤，有傲人色。纵展游目，靡匪趣会。而静庵公又雅好客。客毋问昼夜，商移徵易，丝倦肉代，改席谋欢，醉醒互端是无。但东南称能为园主人者，亦逊莫与静庵公抗。

　　而会余北游得一官，久之，遘家难归，静庵公已捐馆舍。厉服除，稍从诸兄弟往，则向之所谓松柏、屏障、鹤鹿及他栏楯，荡然无一存。石亦多倾圮，卉草杂树，十去五六。亭馆十去三四。第其存者，石色渐古。苔藓蚀而萝茑封。杯卷之木，获遂其性，上干云霄。虬攫虎坐，眩怪用壮。履綦鲜及，鸟雀益傲。至于弦管之地，松飚骤涛，篁水相应，恍若旧游之在耳，而寻之不可复竟矣。

　　余从弟瞻美，为静庵公少子，酌余茗石上，相对歔欷久之。意以有所轧，故不得致力于兹园，以终静庵公志也。余徐谓曰："子不闻宛洛天地之中，古所称至钜丽伟观哉！彼远无论铜池金谷、丝障钱埒之地，不终属梁窦崇恺也。大历会昌中，平泉绿野，奇章之石、履道之竹，皆足以吞兹园八九不芥蒂，而宋时李文叔之所记，无一为其子孙有者。文叔所记园几二十年，不旋踵而中金虏，宁独旧主不可问，而遗丘故池，潴夷为一瓯脱，亦焉能仿佛指导哉！今兹园虽小颓，而幸置之湖海寂寞之乡，厌者不易弃，而欲者不易迹。吾固知兹园之长为王氏有也。子何念焉？"瞻美意似有省者，既而曰："洛阳之不复园也，盖三百年矣。读李氏记而园若新也。文其可以已哉！夫园之不吾长有也，吾知之。而子之文长在天地，吾亦知之。子姑谋所以新吾园者！"余曰诺。

又二年记成，郡人尤子求为之图，而余系以诗。

（《吴郡文编》卷一二八《第宅园林一八》第二五二～二五三页）

离薋园记

王世贞

出鹦哥桥东第之左门不五步，而距其水仅逾寻，然宛宛通官河，桥踞之。临桥而门，榜曰离薋园。

园故里人朱氏之菜壤也，东西不能十余丈，南北三之。入门为蟠松二、方竹十余茎，南有亭曰壶隐，其三方皆梅，可二十树。前叠石为山，颇盎沼，蓄朱鱼其中。山之延袤仅可以丈计，而中有沼有洞、有岭有梁，皆具体而微。碧梧数株，骎骎欲干云。其右方为书室二楹，其左方种竹千余竿，露翠风簧，时时琴酒。适竹间有亭曰晞发，以憩客。步壶隐之后，得小圃二，皆有栏竹，藩之桃杏、木药、海棠、山礬之属寓焉，圃尽而径见，为广除。孤峰出，为洞庭石，嵌空玲珑，色青黑而古，有锦川斧劈辅之。复有老梅、玉蝶、绿萼各一，植左右，大可荫台。临台而屋，凡五楹，中榜曰鹨适轩，状其卑小也，亦以志自得也。左堂可读书，以得竹故，署曰碧浪；右室可栖客，曰小憩。轩之后距墙趾而近，亦有夭桃、紫薇、垂柳以覆之，度小憩室，折而西北，为侧楼三楹，临渠而傍阶，其前庖湢浴室也。

始余待罪青州，以家难归，窜处故井。公除之后，数数虞盗窥，徙而入城，不胜阛阓之嚣烦。乃请于太夫人，以创兹圃。问寝之暇，辄携吾仲氏徙倚其间，三四友人，参之浊酒一壶，束书数卷，佐以脯炙，间以谐谑，不自知其晷之易仄也。

园土狭而瘠，獠奴颇率职，溉壅三之，芟薙五之，以故嘉木名卉出而不能容恶草。因读屈氏《骚》，得"离薋"二语，取以名之。

夫薋、菉、葹，所谓草之恶者也。屈氏离而弗服，乃女媭呻呻而詈之，何哉？谓其有所别择也。夫余方柱下漆园之是师，而敢有所藉于屈氏哉！第诸名大夫士人不以余鄙而时过从，又不以兹园鄙而辱之诗歌。若李于鳞、徐子与、彭孔嘉、皇甫子循辈为人者三十而赢，为古近体者四十而奇，凡两卷皆满，钱叔宝、尤子求各为之图，而王禄之、周公瑕又各以小篆题额。

噫嘻！为兹园者亦幸矣！余再解郡节，日栖息弇州山池，与兹园若避者，月不能再至。偶曝书此卷，因述为一记，以志余之非有恶于薋而无所托于离也。不然，即诸名大夫士人怜而诗歌之，女媭而在，复呻呻詈余矣！或曰："不然，子之园固未有薋也，子何以蒉之而复离之，而又复名之，子不亦赘乎？而又何女婆之怪！"余无以应。

（《三吴采风类记》卷九《太仓州》）

澹圃记

王世贞

敬美自秦臬予告归，念欲栖离蒉则太湫而狎嚣，栖弇山则太丽而贾客皆厌之。募地得城隅之坤维，南望恬澹观三百武而近，北去弇山半里而遥，三方皆远市右方，虽小迩而特荒落，傍多沃野，饶嘉木美箭之属，敬美大乐之，复以属苍头。政不易岁，而圃翼然。

亩杀于弇六之一，方广实逾之。前门凿池半规衡，可二百步，纵不及衡者过半。藩以石阑，其步视衡。右浚长沟可四百步，抵圃之北不尽者五十步，高榆外植，树以丛筱。入门，则莽苍若广莫，不荣不阶。耳轩三楹，仅脱茨而已，扁之曰"学稼"。左庑启双扃而入，精庐凡四重，重各五楹，抵楼而止。辅以丙舍及仓庾、庖湢之属，高卑广狭与人意适。右庑如其左，启扃呀然，而寥廓平台之前为小池，中为堂，仅三楹，而极轩敞宜暑，中设石屏、几榻、琴书、觞弈之类，整静就理，名之曰"明志"。后枕大池，与学稼轩共之，而稍限以一堤。堂之右折而南，为书室三楹，以居儿辈。其北度小平桥入一门，武康石高四步余，绝类山中雪浪差黑耳！中为静室，奉观自在及朱真君香火。循左廊折而北，为小轩，中除叠数峰，皆灵壁英石，奇峭百状。又折而东，穿水阁尤丽。三方皆池，菡萏千柄。由水阁而北稍西，复得一轩，寻复过昙阳静室。折而西，得暖阁者二：雪洞者一，浴屋者一，皆小而精。中多贮三代彝鼎、孤桐、浮玉、大令、名墨、中散、酒枪之类。盖至中平桥，剥啄绝矣。由东后小轩傍启，短垣而出，为复道修篁夹之。蜿蜒而北，大抵皆傍池。池半而横桥出，以通东果园。

桥长可七十步，广五之一，宜落照、宜待月。果园皆柑橘、橙橼、桃李、来禽、樱桃、枇杷名品，又以其隙分畦栽艺紫茄、白芥、甘瓜、罂粟之属。

余尝戏谓："阿敬，汝生计大佳，不若汝兄憨。弇园皆骨山，不堪食耳。"自桥返竹径，复折而北，更度一桥。稍东则崇台岿然，雕甍朱楯，辅以紫薇之篱、红药之圃，盖一涉而圃之事无余，又可以旁得丽谯、琳宇。

大约据圃之胜者池，能尽池之胜者桥，能尽圃之胜者台。敬美以为老于是，三者足矣，第总而名之曰澹圃。元美乃悠然而叹曰："吾师乎？吾师乎？大雄氏得之以为禅悦，道家者流得之而为天人粮，儒者得之而为玄酒、太羹、天下之称。为浓者必与澹对，吾美其浓而受之。既受而思焉，未有不厌者。知其所以不厌而后有真得，则是澹也。始基之矣！"或曰："不然也。吾尝游是圃矣，秋水涸，天根露，百草辞青，万叶谢条，所睹惟一黯霮萧瑟之区而已。以此思澹，澹或归之。时至而群象舒，杂英献木药丛菊之淫巧，争组于目。醇酢鲜脆，与客共之。便房曲廊，宛转深靓。邃古之物，遥裔之珍，不移而具，澹安从至哉！"元美曰："不然，子之言俟境而后澹者也！夫俟境而后澹者，非真澹也。敬美知足少欲，自天性矣！故其宦两都、历名藩，握兰建礼，尚玺承明，塞帷江右，秉铎关中，未尝一日不以身受循吏规，然而若固有者，银黄之组，一辞而去之，再辞而不就，然而若固无者，皆澹也。是故敬美之署澹圃也，以澹圃者也，非以圃澹者也。"或又曰："美哉！子之言，虽然不俟境而澹乎，则何以不离蒉之湫、弇山之丽，而必澹圃择哉！"吾闻之，道之出口，澹乎其无味，子诚知澹者，其叙致胡藻而抗辨一胡详也，于是元美乃不言，而第以澹与敬美共之终身。

（《三吴采风类记》卷九《太仓州》）

山园诸记跋

王世懋

世懋兄弟皆好为园居，离蒉园最小而最先成，澹圃晚构而速就。独弇山园，中更数载，用力最勤，而最有名。初构小祇园，则天下已耳其名，争愿游目矣。今世称佳士，必曰"表如其里"。余每谓此言未可目余兄也。盖余兄为人侈公而慎私，喜客而不好奉己，以故园有瑰玮奇丽之声，而家无仓箱镪楮之积。客饱尊罍图史之欢，而身之闺房蟓蛾之奉。方其快意为园，启关撤障，勺水拳石，纤夭寸卉，无自享焉。于是游人之屦日集，而弇山之胜日闻。盖即其身日涉时而已，半为客有矣。逮晚而复构上真团蕉斗室，凡诸奇胜之好，一切罢遣，而仅余其成风之腕自随，则斯园之不为余兄有，而更为游人有，宜其置不复道，而犹缕缕焉以妍词记之，缩万象于笔端，实幻景于片楮，抑何若斯之丽也。

呜呼！其记梦耶？其为游人记耶？其为耳而未游者记耶？若世懋之为澹圃则不然，有便房曲几足以寝兴，有粳秫、蔬果、芰荷之饶，养鸡、牧豕、种鱼之利，足以自给，闭扃高卧，幸不为人所窥，一草一木，举得自私，而且冒以恬澹之名，余兄又为之曲畅，而信其知足寡欲之说，则为园之专其实而辞其名，宜莫如世懋，又何幸与！虽然余滋惧焉。夫天下事，凡推而去之，即浓澹也。凡有而恋之，即澹浓也。余兄之为诸记，若悔其昔之浓而羡于余之澹者，而不知其去浓而即澹也易，余之去有而即无也难。澹乎澹乎，余将复去而从余兄于无何有之乡矣！

（《三吴采风类记》卷九《太仓州》）

西田记

钱谦益

西田者，太仓王奉常逊之之别墅也。出太仓西门，郊牧之间，隩隈表里，沙丘逦迤，畴平如陆，岸坟如防，瓜田错互，豆篱映望，袯襫挂门，笭箵缘路，水南云北，迥异人间，游尘市嚣，不屏而绝，西田之风土也。广平百里，却望极目，玉山东南，虞山西北，若前而揖，若背而负，日落霞起，日降水升，归室属连，倒影薄射，西田之景物也。娱宾之堂，颜曰"农庆"，秋原肮肮，农务告作，馌妇在田，农歌满耳，主人取以明农而亲禾稼也。燕处之庵，颜曰"稻香"，琴书横陈，花药分列，凝尘蔽榻，燕寝凝香，主人取以清斋而晏晦也。越长堤而西，菰蒲蔽亏，凫鸭凌乱，清潭泻空，秀木漏日，有霞外之阁以览落日，有锦镜之亭以俯远水。又折而西，西庐在焉。中祠纯阳，法筵精洁。旁绘屋壁，粉本萧疏。启东轩则娄江如镜，面北窗则虞山如障。颜之曰"垂丝千尺"、曰"缘尽"，而西庐之事穷。

客游西田者，以谓江岸萦回，柴门不正，诛茅覆宇，丹艧罕加。竹屋绳床，类岩穴之结构；牛栏蟹舍，胥江村之物色。主人却谢朝簪，息机云壑。箕裘日新，兰锜如故。夙世词客，前身画师。擅辋水欹湖之乐，谢三年一病之苦。杖履盈门，漉囊接席。无朝非花，靡夕不月。此则主人之乐而西田之所以胜也。

客有曰："子知主人之乐矣，未知主人之忧！家世相韩，身居法从。宸章昭回，行马交互。大田卒获，宁无周京离黍之思；嘉宾高会，或有青门种瓜之感。续方叔名园之记，忾叹盛衰；咏右丞秋槐之诗，留连图画。子非主人也，亦焉知主人之乐乎？"客以其言告，蒙叟笑曰："吾闻之，生住异灭，惟一梦心。有作梦窗下者，梦窗非无，梦窗非有，安得以梦中建立为主人之乐乎？有觉眠一堂者，觉者之堂，即眠者之堂，安得以梦外迁改为主人之忧乎？三灾起时，坏劫不至四禅。西田一亩之宫，劫火返销，兵轮远屏，此世界中之四禅也。舍利弗不能见，佛土严净，螺髻梵王，见如自在天宫。主人通西方观经，妙达圆净，如佛所言，或有佛土以园观台观而作佛事，安知此土非寂光土于四土中示现华观，沉灰琼台，骤雨如梦中事，岂足问哉！"

西田落成，会奉常六十始寿，群公属余言张之余。未游西田，于其胜未能详也，聊约梦语以为记。

重光单阏之岁中秋二十日。

（《三吴采风类记》卷九《太仓州》）

驻景园记

龚 诩

驻景园者，原锡陈君游息之所也。植卉木，艺药草，四时迭芳，而君日杖履其中，逍遥容与，若能驻夫光景焉者。

或曰："君于斯园也，幸须臾无老耶？"君曰："非也。"或曰："杞菊，药草也，饵根能益气，食实能养心，将以之引年乎？"君又曰："非也。吾不可以悖道而偷生也。宇宙内事，吾分内事也。彼之所以荣者，吾亦荣之；彼之所以悴者，我亦悴之。一草木也，一荣悴也，吾与之相为流通而相为始终焉者也。景其可驻耶？彼逐世而役名者，竞艳一时而不持其志于悠久，又岂能深体乎道而探夫驻景之奥耶？然则体道也，奈何曰'日之所存，道之所存'也，吾睹夫景而得夫道焉。物盈于天地间，华实于四时之中。零落而又萌蘖焉，是太和元气之流行者无间，吾将以驻而存之者亦无间。因目以求心，因心以体道。夫道亦底于纯而已矣！底于仁以几于不已而已矣。"余闻其言而韪之，遂书以为记。

（《道光璜泾志稿》卷七）